JN442707

사회적 배제와
세대간 전이

사회적 배제와 세대간 전이

Social Exclusion &
Intergenerational Transmission

양순미 저

북두(더)

발간에 즈음하여

세대간 전이! 그 주제 앞에 우리는 늘 겸허해집니다. 그동안 악순환적 세대간 전이의 연결고리를 차단하기 위한 방안 모색에 의학 · 사회학 · 가족학 · 교육학 · 상담학 등 다방면에서 늘 심혈을 기울여 왔습니다. 그럼에도 불구하고 이 주제는 여전히 해결되지 않은 채 우리에게 남아있습니다. 「사회적 배제의 세대간 전이」는 이 해결을 위한 보다 진일보한 기제를 담고 있습니다.

그동안 늘 관심을 기울여 주시고 학문적 고언을 아끼지 않으셨던 경희대 유영주 지도교수님! 경희대 안선희 교수님과 울산대 정민자 교수님, 기타 여러 선학(先學)께 발간에 즈음하여 지면을 통해서나마 깊은 감사의 마음을 드립니다.

목차

Ⅳ. 결론 및 논의 · 59

Ⅴ. 참고 문헌 · 77

A. 부록 · 91

Social Inclusion

Nomative Integration

Values

Human Rights

Respect

Equality

Legal

Migration

I

서론

1. 문제제기 및 이론적 배경

세대간 전이(intergenerational transmission)는 특정한 특성이나 행동이 부모와 자녀 세대 모두에서 나타나는 현상을 의미한다(Besemer, 2017). 이러한 맥락에서 세대간 전이(transmission)는 세대간 동질성(similarity) 또는 연속성(continuty)을 의미하는 것으로(Besemer, 2017; Branje et al., 2020; Fasang & Raab, 2012) 인식한다.

세대간(intergeneration) 또는 세대내(intrageneration)의 사회적 배제(social exclusion)의 전이(transmission)를 분석한 선행 연구(Hobcraf, 2002; Mare, 2011)에 의하면, 자녀 세대의 사회적 배제는 자녀 세대의 생애 과정(life courses)에 영향을 미치는 부모 효과(parental effect)에 의해 발생한다.

사회적 배제(social exclusion)[1]는 사회집단에서 무시당하거나

---

1) Beall & Piron(2005), D'Ambrosio & Chakravarty(2003), Mathieson et al.(2008), Levitas et al.(2007), Silver (2007), WHO EUROPE (2010)에 의하면 정태적인 결과 · 단일차원 · 신체적 욕구의 특성과 관련되는 빈곤과는 달리 사회적 배제(social exclusion)는 역동적인 과정이고 다차원적이며 신체적 욕구 · 물질적 욕구 · 사회적 참여 및

거절되는 현상을 포함하며(Williams, 2007), 인간이 타인에 의해

사회적 관계를 포괄한다. 〈부표 2〉는 사회적배제와 박탈 및 빈곤의 차이를 도표화 한 것이다. 사회적 배제(social exclusion)는 부적절한 사회참여 · 사회통합의 결여 · 권리의 결여와 같은 관계이슈에 원천적으로 초점을 두고 있다(Room 1997- O' Donnellet al. 2018에서 인용). 사회적 배제(social exclusion)는 사회적 상황 또는 사회적 정체성으로 인해 개인 또는 단체가 총체적으로 혹은 부분적으로 그들이 생활하는 사회에 온전히 참여하는 것으로부터 제외되는 과정(European foundation 1998-Rawal, 2008에서 인용; UNESCO, 2015)으로서 하우징 · 교육 · 건강 · 서비스 접근에 있어서 부적정한 권리를 지닌 것을 의미하며(Commission of the European Communities 1993- Percy Smith, 2000에서 인용), 자신이 통제할 수 없는 상황으로 인해 비자발적으로 소외되는 현상(Burchardt, Le Grand & Piachaud, 2002; UNDESA, 2010- UNRISD, 2015에서 인용)을 의미한다. 또한 사회적 배제는 특정 시대 특정 사회에서 표방하는 규범 및 기대와 관련되며, 개인적 선택에 의해 배제되기도 하지만 타인 · 단체 · 제도적 결정에 의해 배제될 수 있고, 현재 상황의 결과일 뿐만 아니라 개인의 미래 전망에 대한 제한까지도 전제한다(Atkinson, 1998- Australian Government, 2008에서 인용). 한편 Rawal(2008)은 사회적 배제(Social exclusion)는 사회적 포용(social inclusion)과 상호 동전의 양면과 같이 분리될 수 없는 특성을 지닌다고 했으며, WHO(2008-WHO EUROPE, 2010에서 인용)는 사회적 배제는 자원의 접근, 역량, 권리를 행사함에 있어서 불공정으로 특징지워지는 포용/배제의 연속체를 유발하는 과정이라고 하였다. 〈부표 3〉은 UNESCO(2015)에서 사회적 포용에 함축된 지표들을 도식화 한 것이다(양순미, 2021b ; 양순미, 2022a).

수용되지 못하거나 존경받지 못하며 지지받지 못할 수 있다고 전제한다(Arslan, 2016; Duru & Arslan, 2014-Arslan, 2019에서 인용). 사회적 배제는 강하게 동기와 욕구를 자극하며(Molden, Lucas, Gardner, Dean & Knowles, 2009), 절대적이기보다 상대적이며, 사회 안으로의 개인의 수용을 배제하는 환경적 상황들은 불가피하게 연령에 따라 변화하는 것(Hobcraf, 2002)으로 인식한다.

인간의 행동, 기질(traits)과 특성은 복잡한 유전적 그리고 비유전적인 과정을 거쳐 부모로부터 자손에게 전이된다(Branje et al., 2020). 자녀 세대의 생애 과정(life courses)에 영향을 미치는 부모효과(parental effect)를 두 세대 접근(two-generation approaches) 이상의 관점으로 분석한 선행 연구들(Bernier & Miljkovitch, 2009; Besemer, 2017; Bird, 2007; Branje et al., 2020; De Vries, Kalmijn & Liefbroer, 2009; Fasang & Raab, 2012; Hines & Saudino, 2002; Hobcraf, 2002; Mare, 2011; Solon, 2017)에 의하면, 부모 세대가 그들의 부모들로부터 영향 받았던 것처럼 부모 세대는 그들의 자녀들에게 직접적으로 영향을 주며 자녀 세대는 유전적 특질 · 가족 환경 · 초기 생애 과정 동안의 경험을 포함한 다양한 특성들을 그들의 부모로부터 물려받는다.

이러한 세대간 전이(intergenerational transmission)는 사회화와 공유된 환경, 사회학습이론(social learning theory)의 기제를 통해

설명된다. 사회학습이론은 인간이 옳고 그른 것에 관한 도덕적 판단을 포함하여 다른 사람들을 관찰 · 모방 · 모델링(modeling)하면서 새로운 정보와 행동을 학습한다(Branje et al., 2020; De Vries et al., 2009; Nabavi, 2012)고 전제한다. 또한 생애과정이론(life courses theory)에 의하면 삶과 연계된 원리 안에서 가족 관계의 중요성은 삶(lives)이 상호의존적으로 살아진다는 데에 있으며, 이것은 사회역사적 영향력이 공유된 관계십망을 통해 표현되며(Elder, Johnson & Crosnoe, 2003-Fasang & Raab, 2012에서 인용), 여러 관계십망 중에서 가장 중요한 관계십인 부모자녀 관계는 그러한 공유된 관계십중 핵심적인 관계망이다(양순미[2], 2022; Fasang & Raab, 2012).

한편, 자녀 세대들이 그들의 부모 세대와 동질성(similarity) 또는 연속성(continuty)의 행동 패턴을 나타낸다는 전이(transmission)

2) 양순미(梁順美)는 2001. 08월 경희대학교 대학원 이학박사(가족학전공) 취득. : 2022. 12월 국가연구직 공무원으로 정년퇴직(32여년을 근정(勤政). 농촌 가족 · 조손가족 · 다문화가족 · 노인가족 · 청소년 · 여성 · 독거노인의 안정적인 적응 및 역량강화를 지원하는 정책연구 등을 담당). : 주요 저서는 「가족의례와 가족주의가치」(ISBN, 단독저자), 청소년정책연구집 「대인관계 · 리더십」(ISBN, 단독저자), 「새로운 가족학」(신정, 공저), 「노인 복지학 사전」(학현사, 공저), 「특별한 며느리의 행복 찾는 농촌살이」(리젬, 공저) 등이 있다.

에 관한 이와 같은 주장에 대해 여러 선행 연구(Bird, 2007; Branje et al., 2020; Fasang & Raab, 2012)에서는 자녀 세대에 작용하는 부모 효과(parental effect)의 다른 조절 인자들(regularities)을 간과하였다고 지적한다. 이러한 조절 인자로서 Branje et al.(2020)은 자기 조절 · 사회적 능력 · 문화적 특성을 들고 있다. Bird(2007)는 부모와 자녀의 의지 및 태도 · 사회관계망 등을 들고 있다. 또한 사회적 배제를 조절하거나 예측 가능하게 하는 요인으로서 여러 경험적인 선행 연구(윤신희, 2016; Baumeister, DeWall, Ciarocco & Twenge, 2005; Baumeister & Tice, 1990; Duru & Arslan, 2015-Arslan, 2019에서 인용; Hobcraf, 2002; Leary & Baumeister, 2000; Leary, Tambor, Terdal, & Downs, 1995; Scheff et al, 1989-Leary et al., 1995에서 인용; Teng & Chen, 2012)에서는 자아존중감 · 자기 조절 · 사회적 연계 · 전화 및 모바일 접근성을 들고 있다.

자아존중감(self-esteem)은 인간의 행동이 수용 또는 배제되는 정도를 결정하는 본질적인 지표(Leary et al., 1995)이고, 수용 가능성을 측정하는 바로미터(Arslan, 2019; Leary & Baumeister, 2000)이며, 사회적 배제(social exclusion)의 위협에 대응하는 강력한 제어체(Baumeister & Tice, 1990)일 뿐만 아니라 사회적 배제에 대응하여 인간을 보호하는 역할을 한다(Arslan, 2019; Leary et al., 1995). 자아존중감의 추구는 인간이 자신의 행동을 조절하고 실제 상황에 대응하기 위해 사용하는 기제 중의 하나이기도 하며 (Stillman et al., 2009-Arslan, 2019에서 인용), 특히 청소년기에 자아존중감은 부분적인 조절 역할을 하기도 한다. 사회적 배제와 자아존중감의 관계를 연구한 여러 선행 연구(Leary & Baumeister, 2000; Leary et al., 1995; Scheff etl al., 1989-Leary et al., 1995에서 인용; Teng & Chen, 2012)에 의하면 인지된 배제와 자아존중감에 부적인 관계가 존재한다. 사회집단에서의 배제 위협 및 사회적 배제에의 노출은 낮은 자아존중감이나 여러 가지 정서적이고 행동상의 문제와 관련되어 있다(Arslan, 2019; Baumeister & Tice, 1990).

자기 조절(self-regulation)은 사회적으로 수용 가능한 방식, 자기내적 및 사회 가치 기준이나 목표에 따라 자신의 행동을 바꾸는 역량이다(Baumeister et al., 2005; Baumeister & Vohs, 2007; Karoly, 1993; Ozhiganova, 2018). 자기 조절을 잘하는 사람은 실행 기능이 뛰어나고 좋은 대인 관계를 형성한다(Tangney, Baumeister, & Boone, 2004). 이론적 견지에서 보면, 사람들은 자기 조절 능력이 증진되거나 또는 손상된 상태로 사회적 배제에 반응할 수 있으며, 특정 부류의 사람들은 있음직한 부정적인 결과들을 약화시키기 위한 전략으로서 자기 조절(self-regulation)을 사용할 수 있다(Baumeister et al., 2005)고 본다.

사회적 연계(social bonds)를 형성하고 유지하는 노력(inclination)은 배제 위협에 대한 방어적이고 예방적인 자원으로 작동할 수 있다(Baumeister & Leary, 1995). 밀접한 사회적 연계가 박탈된 사람들은 강한 사회적 연계를 지닌 사람들보다 더욱 부정적인 신체적 그리고 심리적 상태에 처하게 된다(Baumeister et al., 2005; Teng & Chen, 2012).

전화 접근성은 사회적 배제를 예측하는 아주 중요한 요인으로서 사회적 배제를 측정하는 지표로 활용된다(Hobcraf, 2002). 컴퓨터 및 모바일과 같은 정보시스템 접근성의 부족은 직·간접적으로 사회적 배제의 가능성을 높이기도 한다(윤신희, 2016).

다른 한편, 배제이론(Exclusion theory)에서는 인간은 사회집단에 소속되도록 본질적으로 강하게 동기화되며(Baumeister & Tice, 1990), 사회집단에서의 배제 위협은 여러 가지 심리적 부적응을 야기하는 핵심적인 원인 중의 하나인 것으로 전제한다(Baumeister & Tice, 1990). 배제의 생각들은 그것을 생각하는 사람들이 수용되고 행동을 개선하는 것을 어렵게 하기도 한다(Baumeister et al., 2005; Norem & Cantor, 1986- Baumeister & Tice, 1990에서 인용). 이러한 맥락에서 볼 때 생애 과정중 성장기를 동북아시아 문화권에서 생활하며 사회화된 이후 성인기에 이르러 한국 사회의 가족생활 문화권으로 결혼이민해 온 여성들(양순미, 2020)은 이러한 이동으로 삶의 공간적 차원을 넘어서 사회 · 경제 · 정치 · 권리 · 문화적 주류에서 소외되는 사회적 배제를 경험하며 불평등이나 고립을 느낄 수 있다(양순미, 2018; 윤신희, 2016; Kenyon, Lyons & Rafferty, 2002).

청소년 발달에 있어서도 사회적 배제는 다양한 사회적 · 정서적 · 행동적 문제를 일으키는 사건일 뿐만 아니라 청소년들의 삶의 질에도 영향을 미칠 수 있으나(Arslan, 2019), 이러한 역경으로부터 청소년을 회복시킬 수 있는 기제에 대해서 거의 알려진 바가 없다(Arslan, 2019; Waldeck, Tyndall & Chmiel, 2015)고 주장한다.

그럼에도 불구하고 유사한 맥락에서 Davis(1974)는 세대 간에 본질적인 차이가 존재하며 이에 더하여 생의 동일한 단계에서 각 세대가 학습 및 경험하는 사회문화적 상황이 다르기 때문에 동일한 사안에 대한 세대간의 인식이 다를 것이라고 주장하여 세대간 전이(intergenerational transmission)에 대해 또 다른 해석적 맥락을 제기하고 있다.

이와 같은 맥락을 고려해 볼 때 세대간 전이(intergenerational transmission) 관점을 적용하여 결혼이민여성의 사회적 배제 특성과 청소년기 자녀 세대의 이의 특성의 상관 관계적 특성은 어떠한가와, 자녀 세대에 작용하는 사회적 배제의 부모 효과(parental effect) 및 부모 세대와 자녀 세대의 이를 조절하는 변인들의 효과 특성을 규명하는 작업은 의미 있을 것으로 사료된다.

이에 본 연구에서는 두 세대 접근(two-generation approaches)에 기반하여 한 가족에서 쌍체표집한(paired sampling)[3] 부모 세대의 결혼이민여성과 그들의 자녀 세대를 대상으로, 첫째, 양순미 · 안선희 · 정민자(2021)의 사회적 배제 척도(SES)를 이용하여 결혼이민여성과 자녀 세대간 다차원적 사회적 배제[4](사회적 참여

---

3) 지금까지 두 세대 접근(two-generation approaches)에 기반해서 쌍체표집(paired sampling)하여 실증적으로 세대간 전이를 연구한 국내의 선행 연구들(옥정 · 방희정, 2012; 이수현 · 정혜은, 2020; 장미자 · 조복희, 1999; 최해훈, 2015; 하상희 · 정혜정, 2008)은 국내 일반 가족들을 대상으로 애착 · 양육행동 · 자기분화 · 자아존중감의 전이를 연구하여 왔다. 그러나 자녀 세대의 전이에 작용하는 부모 효과와(parental effect) 자녀 세대 효과의 상대적인 중요성을 규명한 연구는 없는 것으로 밝혀졌다. 또한 결혼이민여성과 그 자녀 세대를 대상으로 사회적 배제의 세대간 전이를 규명한 연구도 아직까지 수행되지 않은 것으로 나타났다.

4) 여러 선행 연구(김경미 등, 2013; 윤성호, 2012; 이병관 등, 2019; Azpitarte 2012; Bradshaw et al. 2000; Beall & Piron 2005; NATSEM 2013; Percy-Smith 2000; van Bergen et al. 2014; van Bergen et al. 2017)에서는 사회적 관계 및 연계성, 사회참여, 권리와 평등, 고용, 서비스 등과 같은 요인들로 사회적 배제(social exclusion)를 다차원적으로 구성하였다. 이외에 Percy-Smith(2000)는 사회적 배제(social exclusion)가 발생하는 상황적 맥락을 지역적 상황, 국가적

와 권리 차원 · 물질적 박탈 차원 · 규범적인 통합 차원 · 사회적 관계 차원 · 거시사회 공평성 차원으로 구성)와 다차원적 사회적 배제의 조절변인(사회적 연계 · 1일 모바일 사용시간 · 자기조절 · 자아존중감)의 상관관계 특성을 규명하고자 하였다. 또한 자녀 세대의 다차원적 사회적 배제와 결혼이민여성과 자녀 세대의 다차원적 사회적 배제 조절변인의 상관관계 특성을 규명하고자 하였다. 둘째, 자녀 세대의 다차원적 사회적 배제에 작용하는 결혼이민여성 세대의 다차원적 사회적 배제와 조절변인 그리고 자녀 세대의 조절변인의 영향력을 분석하고, 이에 따른 부모 효과(parental effcet)와 자녀 세대 효과(child generational effect)의 상대적인 중요성을 분석하고자 하였다.

이를 통해 본 연구에서는 첫째, 결혼이민여성과 자녀 세대간 다차원적 사회적 배제 및 이의 조절변인의 동질성(similarity) 또는 연속성(continuty)의 특성을 규명하고, 둘째, 자녀 세대의 다차원적 사회적 배제의 전이에 작용하는 결혼이민여성 세대의 다차원적 사회적 배제 효과와 이의 조절변인의 효과 및 자녀 세대의 사회적

상황, 지구화 및 관련된 구조적 변화와 같은 다층 구조로 설명하고, 이와 같은 사회적 배제의 다양한 차원들과 특성들은 상호연계 되어 있으며 이로 인해 사회적 배제는 빈곤과 불이익보다 측정하기가 상당히 더 어렵다고 하였다 - 양순미 · 안선희 · 정민자(2021), 양순미(2022a)에서 인용.

배제 조절변인의 효과를 규명하며, 셋째, 자녀 세대의 다차원적 사회적 배제에 작용하는 결혼이민여성 세대의 부모 효과(parental effect)와 자녀 세대 효과(child generational effect)의 상대적인 중요성을 분석하여 사회적 배제에 있어서 세대간 전이(intergenerational transmission)의 기제를 검증하는데 연구의 목적 및 의의를 두고자 하였다.

Social Inclusion

Nomative Integration

Values

Human Rights

Respect

Equality

Legal

Migration

II

실증을 위한 방법론적인 틀

1. 연구대상 및 자료 수집
2. 척도의 구성
3. 자료 분석

1. 연구대상 및 자료 수집

본 연구의 대상은 농촌 지역에 거주하는 결혼이민여성과 그들이 한국에서 출산한 청소년기 자녀이다. 조사 대상은 의도적 표집(purposeful sampling)을 통해 선정하였으며, 최종적으로 2020년 12월 15일부터 2021년 4월 20일까지 전국 22개 시 · 군에서 조사가 이루어졌다. 코로나 19로 인해 당초 계획된 조사기간보다 조사기간이 연장되었으며, 미 조사지역으로 인해 전체 회수율이 60% 수준에 그쳤다.

조사는 전국 22개 시 · 군의 농촌진흥청 산하 기관 및 유관 기관 관계자들이 조사 대상을 방문하여 설문지를 나누어 주고 조사 대상자들이 직접 설문 문항에 자기 기록하는 방식으로 이루어졌다. 이의 과정에서 설문지 표지에 제시된「설문조사 협조 및 동의 서명란」을 이용해 피 조사 대상에게 조사의 취지를 충분히 설명한 후 동의를 받아 조사하였다. 결혼이민여성들이 사용한 설문지는 한국어로 작성한 뒤 이를 영어로 번역하고 이것을 다시 베트남어, 캄보디아어로 번역한 4종류의 설문지이다. 청소년기 자녀들이 사용한 설문지는 한국어로 작성하여 사용하였다.

조사 후 총 316가족의 결혼이민여성 및 청소년기 자녀 자료가 수집되었다. 분석 과정에서는 미응답이 많거나 한 가족 안에서 결혼이민여성과 청소년기 자녀가 쌍체표집되지 않은 자료는 분석에서 제외하고 최종적으로 결혼이민여성과 자녀 모두가 한 가족 안에서 쌍체표집된 221가족 442명의 자료가 분석에 활용되었다.

조사 대상의 사회인구학적인 특성은 〈표 1〉과 같다. 개방형으로 조사한 결혼이민여성 세대의 연령은 평균 약 38.35세였다. 서열형으로 측정한 교육 수준은 평균 3.06으로서 평균 고졸(3.0)을 약간 상회하는 수준이었다. 생활 수준은 하하에서부터 상상까지의 6점 Likert중 평균 3.31로서 평균 중하(3.0) 수준을 약간 웃돌았다. 쌍체표집된 자녀 세대의 평균 연령은 12.45세였다. 서열형으로 측정한 학업성적은 3.97로서 평균 중상(4.0)을 약간 밑도는 수준이었다. 표본의 정규성을 검증한 Student's t의 유의수준은 p=0.001로서 본 연구 조사대상의 표본이 정규 분포를 이루는 것으로 해석할 수 있다.

〈표 1〉 조사대상의 사회인구학적인 특성

(n=221쌍)

세대	변인	기술통계량 분석		
		평균	표준편차	Student's t
부모 세대	평균연령	38.35	5.56	102.00***
	교육수준	3.06	1.21	37.43***
	한국에서 출산한 자녀 수	2.01	0.82	35.80***
	생활수준	3.31	1.04	46.24***
자녀 세대	평균연령	12.45	2.18	83.63***
	학업성적 수준	3.97	1.08	53.50***

*** $p < 0.001$

2. 척도의 구성

1) 다차원적 사회적 배제

척도의 원 척도(raw scale)는 여러 선행 연구(김경미 등, 2013; 윤성호, 2012; 이병관 등, 2019; Azpitarte 2012; Beall & Piron 2005; Bradshaw et al. 2000; NATSEM 2013; Percy-Smith 2000;

van Bergen et al. 2014; van Bergen et al. 2017)와 전문가 6인의 자문 · 검증을 토대로 54항목으로 구성하였다. 척도의 각 문항은 전혀 그렇지 않다(1)에서부터 정말 그렇다(5)까지의 5점 Likert로 측정하도록 되어 있으며, 점수가 낮을수록 사회적 배제가 낮은 반면 점수가 높을수록 사회적 배제가 높은 것으로 해석하도록 구성하였다.

이후 탐색적 요인 분석(factor analysis)을 위한 적합성 여부를 검토하기 위해 원 척도(raw scale)의 항목 분석, 구성타당도 검증, 준거타당도 검증, 신뢰도 검증을 단계적으로 거쳐 최종적으로 5개 차원 31문항의 사회적 배제 척도(SES)를 구성하였다(부표 4; 양순미 · 안선희 · 정민자, 2021). 이 척도는 사회 내부로의 배제 현상(Burchardt et al., 2002; UNESCO, 2015)을 고려하면서 참여 및 관계의 배제, 물질적 박탈의 차원을 넘어서 권리, 공평성, 통합에 관한 차원(van Bergen, Hoff, Schreurs, van Loon & van Hemert, 2017; van Bergen, Hoff, van Ameijden, van Hemert, 2014)을 포괄하는 다차원 척도 즉, 사회적 참여와 권리(social participation & right) · 물질적 박탈(material deprivation) · 규범적인 통합(normative integration)[5] · 사회적 관계(social relation) · 거시사

5) 본 연구에서 규범적인 통합(normative integration)은 통합의 진정성 혹은 올바른 가치 지향을 의미한다.

회 공평성(macro-society equity)의 하위 차원으로 구성되었다. 쌍체표집된 자녀 세대의 사회적 배제 척도는 원 척도(raw scale)를 결혼이민여성 사회적 배제 척도(SES)의 영역[6]으로 재조합하여 구성하였으며 이 척도들의 총체적인 상관관계는 r=.29로서 p=0.001 수준에서 통계적으로 유의하였다.

부모 세대인 결혼이민여성의 다차원적 사회적 배제를 측정하는 척도의 신뢰도 Cronbach' α는 0.86~0.95로서 내적 일치 수준이 높았다. 쌍체 표집된 자녀 세대의 다차원적 사회적 배제를 측정하는 척도의 신뢰도 Cronbach' α는 0.74~0.97로서 내적 일치 수준이 높았다(표 2).

〈표 2〉 다차원적 사회적 배제 척도의 신뢰도

(n=221쌍)

세대	척도의 차원 (Cronbach' α)				
	사회적 참여와 권리 차원	물질적 박탈 차원	규범적인 통합 차원	사회적 관계 차원	거시사회 공평성 차원
부모 세대	0.95	0.88	0.87	0.86	0.91
자녀 세대	0.90	0.74	0.83	0.76	0.97

6) 부표 4; 양순미·안선희·정민자, 2021; 양순미, 2022a

2) 다차원적 사회적 배제 조절변인

(1) 자아존중감

자아존중감은 태도, 특히 자기 자신을 향한 태도이며(Leary et al., 1995; Rosenberg, 1965), 본질적으로 정서적인 과정(Brown, 1993-Leary et al., 1995에서 인용)과 관련이 있다. Rosenberg (1965)에 의하면 자아존중감은 자기 존경의 정도와 자신을 가치있는 사람으로 생각하는 정도이다.

본 연구에서 결혼이민여성 세대와 자녀 세대의 자아존중감을 측정하는 척도는 Rosenberg(1965)의 10문항 척도를 이용하였다. 각 문항은 전혀 그렇지 않다(1)에서부터 정말 그렇다(5)까지의 5점 Likert로 구성하였으며, 점수가 높을수록 자아존중감이 높은 것으로 해석하였다. 결혼이민여성 세대의 자아존중감을 측정하는 척도의 Cronbach's α는 0.87, 자녀 세대의 자아존중감을 측정하는 척도의 Cronbach's α는 0.89로서 전반적으로 척도의 내적일치 수준이 높았다.

(2) 자기조절

결혼이민여성 세대의 자기조절을 측정하는 척도는 김지희 (2019)의 6문항 척도를 2단계의 사각 회전(oblique rotation) 요인 분석(factor analysis)을 통해 요인 부하량이 0.50 이상인 감정 및 긴장 조절과 관련된 3문항을 추출・구성하였다. 자녀 세대의 자기조절을 측정하는 척도는 이애리(2014)의 10문항 척도를 2단계의 사각 회전(oblique rotation) 요인 분석(factor analysis)을 통해 요인 부하량이 0.50 이상인 감정 및 긴장 조절과 관련된 6문항을 추출・구성하였다. 각 문항은 전혀 그렇지 않다(1)에서부터 정말 그렇다(5)까지의 5점 Likert로 구성하였으며 점수가 높을수록 자기조절능력이 높은 것으로 해석하였다. 결혼이민여성 세대의 자기조절 척도의 Cronbach' α는 0.74, 자녀 세대의 자기조절 척도의 Cronbach' α는 0.75이었다. 분석과정에서는 결혼이민여성 세대와 자녀 세대의 척도를 동일 문항 수로 표준화하여 활용하였다.

(3) 사회적 연계

사회적 연계는 사회적 관계의 대상과 관련되는 것으로 결속적(bonding) 또는 교량적(briding)연계로 구분된다(Healy 2005). 결속적 연계는 사회적 배경이 매우 유사한 사람들과 맺는 관계를 의미하는 반면, 교량적 연계는 사회적 배경이 상이한 사람들과 맺는 관계를 의미한다.

본 연구에서는 양순미(2018)를 인용하여 결혼이민여성 세대의 사회적 연계의 결속적 특성을 측정하는 문항을 개방형으로 구성하여 한국의 지역 사회에서 가깝게 지내는 모국(친정 국가)의 사람들의 숫자를 기록하도록 구성하였다. 결혼이민여성 세대의 사회적 연계의 교량적 특성을 측정하는 문항도 개방형으로 구성하여 지역 사회에서 가깝게 지내는 한국인의 숫자를 기록하도록 하였다. 숫자가 높을수록 결혼이민여성의 결속적 및 교량적 연계가 높은 것으로 해석하였다.

자녀 세대의 사회적 연계 중 결속적 연계는 집 주변 사각회전(oblique rotation)에서 가깝게 지내는 친구의 숫자를 개방형으로 기록하여 측정하였다. 교량적 연계는 학교에서 가깝게 지내는 친구의 숫자를 개방형으로 기록하여 측정하였다. 숫자가 높을수록 자녀 세대의 결속적 및 교량적 연계가 높은 것으로 해석하였다.

(4) 모바일 폰 사용 시간

결혼이민여성 세대와 자녀 세대의 1일 모바일 폰을 사용하는 시간은 김구(2014)를 인용하여 개방형으로 측정하도록 구성하였다. 점수가 높을수록 1일 모바일 폰 사용시간이 많은 것으로 해석하였다.

3. 자료 분석

본 연구의 연구 문제 분석을 위해 한 가족 안에서 부모 세대인 결혼이민여성과 그들의 청소년기 자녀가 함께 쌍체표집된 221가족 442부의 설문자료가 분석되었다[7]. 분석과정에 SAS통계패키지 9.4를 이용하여 기술 통계 분석, 요인 분석(factor analysis), paired-t test, 상관관계 분석(correlation analysis), 위계적 회귀분석(hierarchical regression)을 실시하였다.

---

7) 본 저서는 농촌진흥청 국립농업과학원의 농촌 결혼이민여성 사회적 배제 해결 및 포용 방안 개발 연구(과제번호 PJ014949 : 수행기간 2020~2021년 : 총괄 및 세부과제 책임자 양순미 박사)의 조사자료를 3차 분석한 데이터에 토대한다. 분석된 자료는 양순미 · 안선희 · 정민자가 2022년 8월 12일 아동복지학회지에 「다차원적 사회적 배제의 결혼이민여성과 자녀 세대간 전이에 관한 연구 - 부모효과 및 조절변인의 특성을 중심으로」 논문 투고하였으나, 투고 이후 학회 형편상 4개월간 접수 및 심사가 진행되지 않아 투고를 철회하고 심사료 10만원(2022. 8. 12일 학회입금)을 환급(2022. 12. 29일)받았다. 투고 당시 「KCI 문헌유사도 검사 종합결과 확인서」에 의하면 최고유사율과 평균유사율은 모두 7% 수준이었다(부표 1).

Social Inclusion

Nomative Integration

Values

Human Rights

Respect

Equality

Legal

Migration

III

실증적 분석의 결과 및 해석

1. 부모와 자녀 세대의 다차원적 사회적 배제 및 조절변인의 일반적인 특성
2. 부모와 자녀 세대간 다차원적 사회적 배제 및 세대별 조절변인의 상관관계 분석
3. 부모 세대의 다차원적 사회적 배제 및 각 세대별 조절변인의 효과

1. 부모와 자녀 세대의 다차원적 사회적 배제 및 조절변인의 일반적인 특성

1) 세대간 다차원적 사회적 배제의 paired-t test 특성

〈표 3〉은 두 세대 접근(two-generation approaches)에 기반하여 부모 세대인 결혼이민여성과 자녀 세대의 다차원적 사회적 배제의 일반적인 수준을 paired-t test한 결과이다. 분석 결과에 의하면 모든 다차원적 사회적 배제 차원에서 부모 세대의 사회적 배제 인식 수준이 자녀 세대의 사회적 배제 인식 수준보다 높았다. 이러한 차이는 물질적인 박탈 차원 · 사회적 관계 차원은 $p=0.001$ 수준, 규범적인 통합 차원은 $p=0.05$ 수준, 거시사회 공평성 차원은 $p=0.01$ 수준에서 부모 세대와 자녀 세대간 사회적 배제 경험수준의 차이가 통계적으로 유의하였다. 그러나 사회적 참여와 권리 차원에 있어서 부모 세대인 결혼이민여성과 자녀 세대간 사회적 배제 수준의 차이는 통계적으로 무의미하였다.

세대간의 이러한 인식 차이 양상은 부모와 자녀 세대간에 가족 건강성의 인지수준을 분석한 양순미 · 유영주(2000)의 연구결과와 유사하였다.

〈표 3〉 부모 세대와 자녀 세대의 다차원적 사회적 배제의 paired-t test 분석

(n=221쌍)

다차원적 사회적 배제의 차원	평균	표준편차	paired-t test value
사회적 참여와 권리 차원	1.44	10.98	1.95
물질적 박탈 차원	2.15	5.54	5.78***
규범적인 통합 차원	0.56	4.13	2.00*
사회적 관계 차원	1.66	5.14	4.79***
거시사회 공평성 차원	0.50	2.43	3.07**

* p〈0.05 ** p〈0.01 *** p〈0.001

2) 세대별 다차원적 사회적 배제 조절 변인의 기술통계 분석

〈표 4〉는 부모 세대인 결혼이민여성과 자녀 세대의 사회적 배제에 관련된 조절 변인들의 일반적인 특성을 분석한 결과이다. 사회적 연계중 부모 세대의 결속적 연계 수준은 교량적 연계 수준보다 높았다. 즉 결혼이민여성은 가깝게 지내는 지역 사회 내 친정국가의 결혼이민여성이 가깝게 지내는 한국인의 수보다 많았다. 반면 자녀 세대의 결속적 연계 수준은 교량적 연계 수준보다 낮았다. 즉 자녀 세대는 학교에서 가깝게 지내는 친구의 수가 집 주변에서의 친구의 수보다 많았다.

조절변인의 특성을 paired-t test한 결과, 1일 평균 스마트폰 활용 시간은 부모 세대인 결혼이민여성보다 자녀 세대가 높았으며 이러한 차이는 p=0.001 수준에서 통계적으로 유의하였다. 자기조절 수준은 부모 세대와 자녀 세대간에 p=0.05 수준에서 통계적으로 유의한 차이가 있었으며 부모 세대의 자기조절 수준이 더 높았다. 자아존중감 수준은 부모 세대와 자녀 세대 간에 통계적으로 유의한 차이가 없었다.

〈표 4〉 부모와 자녀 세대의 다차원적 사회적 배제 조절변인의 특성 분석

(n=221쌍)

세대	변인	기술통계 분석	
		평균	표준편차
부모 세대	결속적 연계	19.14	28.26
	교량적 연계	17.46	28.26
	1일 모바일 사용시간	3.20	2.29
	자기조절	3.53	0.81
	자아존중감	39.88	6.42
자녀 세대	결속적 연계	3.05	4.64
	교량적 연계	7.60	8.94
	1일 모바일 사용시간	4.70	3.66
	자기조절	3.41	0.67
	자아존중감	39.22	6.79
paired-t test value	스마트폰 활용 시간	-4.60***	
	자기조절	2.11*	
	자아존중감	1.35	

* p〈0.05 　　 *** p〈0.001

2. 부모와 자녀 세대간 다차원적 사회적 배제 및 세대별 조절변인의 상관관계 분석

1) 세대간 다차원적 사회적 배제 특성

〈표 5〉는 두 세대 접근(two-generation approaches)에 기반하여 부모 세대인 결혼이민여성과 자녀 세대간 다차원적 사회적 배제의 상관관계를 분석한 것이다.

분석 결과, 부모 세대와 자녀 세대의 다차원적 사회적 배제는 전체적으로 r=.09~.36의 상관을 보였으며, 부모 세대의 규범적인 통합 차원과 자녀 세대의 물질적 박탈 차원은 가장 높은 수준(r=.36)으로 상관을 이루었다. 부모 세대의 물질적 박탈 차원과 자녀 세대의 사회적 관계 차원, 부모 세대의 사회적 관계 차원과 자녀 세대의 사회적 관계 차원, 부모 세대의 사회적 관계 차원과 자녀 세대의 거시사회 공평성 차원을 제외한 나머지 모든 부모 세대와 자녀 세대간 다차원적 사회적 배제의 상관은 모두 p=0.05에서 p=0.001 수준으로 통계적으로 유의하였다.

특히 다차원적 사회적 배제중 부모 세대의 사회적 참여와 권리 차원과 자녀 세대의 사회적 참여와 권리 차원은 r=.21로서 p=

0.01, 부모 세대의 물질적 박탈 차원과 자녀 세대의 물질적 박탈 차원은 r=.35로서 p=0.001, 부모 세대의 규범적인 통합 차원과 자녀 세대의 규범적인 통합 차원은 r=.33으로서 p=0.001, 부모 세대의 거시사회 공평성 차원과 자녀 세대의 거시사회 공평성 차원은 r=.33으로서 p=0.001에서 통계적으로 유의한 상관을 보였다. 이는 상이한 차원보다 동일한 차원의 다차원적 사회적 배제에서 세대간 동질성(similarity) 또는 연속성(continuty)이 비교적 더 높음을 시사하는 결과로 해석할 수 있다.

〈표 5〉 부모와 자녀 세대의 다차원적 사회적 배제의 상관관계

(n=221쌍)

부모 세대 \ 자녀 세대	사회적 참여와 권리 차원	물질적 박탈 차원	규범적인 통합 차원	사회적 관계 차원	거시사회 공평성 차원
사회적 참여와 권리 차원	.21**	.21**	.22**	.19*	.15*
물질적 박탈 차원	.18**	.35***	.19**	.11	.18**
규범적인 통합 차원	.30***	.36***	.33***	.25**	.33***
사회적 관계 차원	.14*	.17**	.16*	.09	.09
거시사회 공평성 차원	.19**	.26***	.14*	.19**	.33***

* $p<0.05$ ** $p<0.01$ *** $p<0.001$

2) 세대간 다차원적 사회적 배제 조절변인의 특성

〈표 6〉은 두 세대 접근(two-generation approaches)에 기반하여 부모인 결혼이민여성과 자녀 세대의 사회적 배제 조절 변인의 상관관계를 분석한 것이다. 부모와 자녀 세대의 사회적 연계중 결속적 연계는 r=.21로서 p=0.01, 사회적 연계중 교량적 연계는 r=.17로서 p=0.05, 자기 조절은 r=.28로서 p=0.001, 자아존중감은 r=.36으로 p=0.001 수준에서 유의하게 상관을 이루는 것으로 나타났다. 그러나 부모 세대와 자녀 세대의 1일 모바일 사용시간의 상관 수준은 r=.00으로서 통계적으로 무의미하였다.

따라서 부모 세대인 결혼이민여성의 결속적 연계 · 교량적 연계 · 자기조설 · 자아존중감 특성이 자녀 세대와 통계적으로 유의하게 상호 관련되었다고 볼 수 있다.

특히 다른 조절변인보다 부모 세대인 결혼이민여성의 자아존중감은 자녀 세대의 자아존중감과 동질성(similarity) 또는 연속성(continuty)이 더 강하다고 할 수 있다. 이러한 결과는 어머니의 자아존중감과 자녀 세대의 자아존중감의 상관이 p=0.001 수준에서 유의하였다는 이수현 · 정혜은(2020)의 연구 결과와 일치하였다.

〈표 6〉 부모와 자녀 세대의 다차원적 사회적 배제 조절변인의 상관관계

(n=221쌍)

부모 세대 \ 자녀 세대		사회적 연계		1일 모바일 사용 시간	자기 조절	자아 존중감
		결속적 연계	교량적 연계			
사회적 연계	결속적 연계	.21**	.13	.07	-.07	-.01
	교량적 연계	.19*	.17*	-.04	.02	.02
1일 모바일 사용시간		-.01	.07	.00	-.05	.12
자기조절		.06	-.09	-.10	.28***	.21**
자아존중감		.13	.09	-.09	.19**	.36***

* p〈0.05 ** p〈0.01 *** p〈0.001

3) 자녀 세대의 다차원적 사회적 배제와 세대별 조절변인과의 특성

〈표 7-1〉, 〈표 7-2〉은 두 세대 접근(two-generation approaches)에 기반하여 자녀 세대의 다차원적 사회적 배제와 각 세대별 다차원적 사회적 배제 조절 변인과의 상관 관계를 분석한 것이다.

부모 세대인 결혼이민여성의 자아존중감은 r=-.19로서 p=0.01 또는 r=-.23으로 p=0.001 수준에서 자녀 세대의 다차원적 사회적 배제중 사회적 참여와 권리 차원 · 규범적인 통합 차원 · 사회적 관계 차원과 통계적으로 유의한 부적 상관을 보였다. 그러나 부모

세대인 결혼이민여성의 결속적 연계 · 교량적 연계 · 1일 모바일 사용 시간 · 자기 조절과 자녀 세대의 모든 다차원적 사회적 배제의 상관관계는 모두 통계적으로 무의미하였다.

자녀 세대의 결속적 연계는 자녀 세대의 다차원적 사회적 배제 중 거시사회 공평성 차원을 제외한 나머지 4개 차원과 r=-.14으로 p=0.05 또는 r=-.16으로 p=0.05 수준에서 통계적으로 유의한 부적 상관이 있었다. 자녀 세대의 교량적 연계는 자녀 세대의 다차원적 사회적 배제중 사회적 참여와 권리 차원 · 사회적 관계 차원과 r=-.16으로 p=0.05, r=-.18으로 p=0.01 수준에서 통계적으로 유의한 부적 상관을 보였다. 자녀 세대의 1일 모바일 사용시간은 자녀 세대의 다차원적 사회적 배제중 거시공평성 차원과 r=.26으로 p=0.001 수준에서 통계적으로 유의하게 정적 상관을 보였다. 자녀 세대의 자기 조절은 r=-.19로서 p=0.01 수준부터 r=-.41로서 p=0.001 수준까지, 자아존중감은 r=-.26으로서 p=0.001 수준부터 r=-.43으로서 p=0.001 수준까지 자녀 세대의 모든 차원의 사회적 배제와 통계적으로 유의하게 부적 상관을 이루었다. 특히 자녀 세대의 자기 조절과 자아존중감은 자녀 세대의 다차원적 사회적 배제중 사회적 관계 차원과 가장 높은 부적 상관을 보였다.

이러한 결과는 사회적 배제와 자아존중감이 부적인 관계를 이룬다는 여러 선행 연구(Leary & Baumeister, 2000; Leary et al., 1995;

Scheff et al., 1989-Leary et al, 1995에서 인용; Teng & Chen, 2012)의 주장을 부모 세대인 결혼이민여성과 자녀 세대 모두에서 지지하는 결과였다. 또한 자기조절이 사회적 배제와 부적인 관계를 이룰 것이라는 주장(Baumeister et al., 2005)이나, 사회적 연계가 배제 위협과 부적인 관계가 있다는 주장(Baumeister et al., 2005; Baumeister & Leary, 1995)을 지지하였다. 그러나 전화 접근성이나 모바일 폰 활용이 사회적 배제와 부적인 관계가 있다는 주장(윤신희, 2016; Hobcraf, 2002)과는 상반되는 결과였다.

〈표 7-1〉 자녀 세대의 다차원적 사회적 배제와 세대별 조절 변인과의 상관 관계

(n=221쌍)

세대	다차원적 사회적 배제 조절 변인		자녀 세대의 다차원적 사회적 배제		
			사회적 참여와 권리 차원	물질적 박탈 차원	규범적인 통합 차원
부모 세대	사회적 연계	결속적 연계	-.04	-.07	-.05
		교량적 연계	-.02	-.03	-.08
	1일 모바일 사용시간		-.03	.03	-.08
	자기 조절		-.07	.00	-.12
	자아존중감		-.19**	-.12	-.23***
자녀 세대	사회적 연계	결속적 연계	-.14*	-.14*	-.16*
		교량적 연계	-.16*	-.09	-.13
	1일 모바일 사용시간		.11	.09	.13
	자기 조절		-.34***	-.19**	-.35***
	자아존중감		-.40***	- .26***	-.40***

* $p<0.05$ ** $p<0.01$ *** $p<0.001$

〈표 7-2〉 자녀 세대의 다차원적 사회적 배제와 세대별 조절 변인과의 상관 관계

(n=221쌍)

세대	다차원적 사회적 배제 조절 변인		자녀 세대의 다차원적 사회적 배제	
			사회적 관계 차원	거시사회 공평성 차원
부모 세대	사회적 연계	결속적 연계	-.05	-.03
		교량적 연계	-.05	-.13
	1일 모바일 사용시간		-.05	-.04
	자기 조절		-.13	-.02
	자아존중감		-.23***	-.12
자녀 세대	사회적 연계	결속적 연계	-.14*	-.13
		교량적 연계	-.18**	-.11
	1일 모바일 사용시간		.12	.26***
	자기 조절		-.41***	-.19**
	자아존중감		-.43***	-.32***

* $p<0.05$ ** $p<0.01$ *** $p<0.001$

3. 부모 세대의 다차원적 사회적 배제 및 각 세대별 조절변인의 효과

1) 회귀모델의 안정성

〈표 8-1〉, 〈표 8-2〉, 〈표 8-3〉, 〈표 8-4〉와 〈표 8-5〉는 두 세대 접근(two-generation approaches)에 기반하여 자녀 세대의 다차원적 사회적 배제에 작용하는 부모 세대인 결혼이민여성의 다차원적 사회적 배제와 각 세대별 사회적 배제의 조절 변인의 효과를 규명하기 위해 위계적 회귀분석(hierarchical regression)한 결과이다. 자녀 세대의 다차원적 사회적 배제의 모든 차원에 모델 1에는 1단계와 2단계에 거쳐 부모 세대인 결혼이민여성의 다차원적 사회적 배제와 이의 조절 변인을 투입하였다. 즉, 모델 1의 1단계는 부모 세대인 결혼이민여성의 다차원적 사회적 배제만을 투입하였고, 모델 1의 2단계는 부모 세대인 결혼이민여성의 다차원적 사회적 배제의 조절 변인을 추가하여 투입하였다. 모델 2에는 자녀 세대의 다차원적 사회적 배제의 조절 변인을 모델 1의 2단계에 이어서 투입하였다. 회귀분석 가정의 위반 여부를 파악하기 위해 모든

회귀모델의 Durbin-Watson계수를 산출한 결과 1.57~2.27로서 본 연구에서 설정한 회귀모델은 비교적 안정적이었다.

〈표 8-1〉, 〈표 8-2〉, 〈표 8-3〉, 〈표 8-4〉와 〈표 8-5〉의 회귀모델에 따른 변인들의 유의성의 소멸 양상을 분석한 결과, 자녀 세대의 다차원적 사회적 배제중 물질적 박탈 차원의 모델 2에서는 모델 1에서 유의하지 않았던 부모 세대인 결혼이민여성의 자기조절 변인의 유의성이 새롭게 출현하였다. 규범적인 통합 차원의 모델 2에서는 부모 세대인 결혼이민여성의 결속적 연계 변인의 유의성이 새롭게 출현하였다. 사회적 관계 차원에서는 부모 세대인 결혼이민여성의 다차원적 사회적 배제중 규범적인 통합 차원의 유의성이 모델 1의 1단계에서 출현했으나, 모델 1의 2단계와 모델 2에서 유의성이 소멸하였다. 그럼에도 불구하고 회귀모델에 따라 통제되었던 변인들이 투입되면서 변인들의 유의성이 소멸하거나 출현하는 양상은 비교적 안정적이었다고 할 수 있다.

2) 회귀모델 변인들의 효과

〈표 8-1〉, 〈표 8-2〉, 〈표 8-3〉, 〈표 8-4〉와 〈표 8-5〉에 의하면, 자녀 세대의 다차원적 사회적 배제에 작용하는 변인들의 효과를 분석한 결과, 자녀 세대의 다차원적 사회적 배제중 사회적 참여와 권리 차원에는 부모 세대인 결혼이민여성의 다차원적 사회적 배제

중 규범적인 통합 차원(B=36), 자녀 세대의 자아존중감(B=-30)만 모두 p=0.01 수준에서 통계적으로 유의하게 작용하였다. 물질적 박탈 차원에는 부모 세대인 결혼이민여성의 다차원적 사회적 배제중 규범적인 통합 차원(B=49)과 물질적 박탈 차원(B=37), 부모 세대의 자기 조절(B=21)만이 모두 p=0.05 수준에서 p=0.001 수준까지 정적으로 통계적으로 유의하게 작용하였다. 규범적인 통합 차원에는 부모 세대인 결혼이민여성의 다차원적 사회적 배제중 규범적인 통합 차원(B=49), 자녀 세대의 자아존중감(B=-24), 부모 세대인 결혼이민여성의 결속적 연계(B=-23)만 모두 p=0.05 또는 p=0.001 수준에서 통계적으로 유의하게 작용하였다. 사회적 관계 차원에는 자녀 세대의 자기조절(B=-.21)만이 p=0.05 수준에서 부적으로 통계적으로 유의하게 작용하였다. 거시사회 공평성 차원에는 부모 세대인 결혼이민여성의 다차원적 사회적 배제중 규범적인 통합 차원(B=39)과 거시사회 공평성 차원(B=26), 자녀 세대의 1일 모바일 사용시간(B=24), 자녀 세대의 자아존중감(B=-.22)이 p=0.05 또는 p=0.01 수준에서 모두 통계적으로 유의하게 작용하였다.

즉 일부 자녀 세대의 다차원적 사회적 배제에 부모 세대인 결혼이민여성의 사회적 배제중 규범적인 통합 차원, 물질적 박탈 차원, 거시사회 공평성 차원만 부분적으로 정적으로 유의하게 작용하였다. 조절 변인중 자녀 세대의 자아존중감은 사회적 참여와 권리 차원, 규범적인 통합 차원, 거시사회 공평성 차원에서 자녀 세대의 사회적 배제에 부적으로 유의하게 작용하였다. 조절 변인중 부모 세대인 결혼이민여성의 자기조절은 자녀 세대의 물질적 박탈 차원에서 정적으로 유의하게 작용하였으나, 자녀 세대의 자기조절은 사회적 관계 차원에서 부적으로 유의하게 작용하였다. 규범적인 통합 차원에는 부모 세대인 결혼이민여성의 결속적 연계가 부적으로 유의하게 작용하였다. 거시공평성 차원에는 자녀 세대의 1일 모바일 사용시간이 부적으로 유의하게 작용하였다.

이러한 결과는 자녀 세대에 작용하는 부모 효과(parental effect)의 중요성을 주장한 여러 선행 연구들(Besemer, 2017; Branje et al., 2020; De Vrics et al., 2009; Fasang & Raab, 2012; Hines & Saudino, 2002; Hobcraf, 2002; Mare, 2011)의 결과를 지지하였으며, 특히 부모 세대인 결혼이민여성의 다차원적 사회적 배제의 부모 효과(parental effect)에서 더욱 그러하였다. 또한 자녀 세대의 다차원적 사회적 배제의 세대간 전이에 부모 효과(parental effect) 이외에 자아존중감과 같은 조절 변인들이 중요하게 작용하는 것으로 밝혀져 여러 선행 연구들의 주장(Bird, 2007; Branje et al., 2020; Fasang & Raab, 2012)을 지지하는 결과로 해석할 수 있다.

3) 회귀모델의 상대적 중요성

〈표 8-1〉, 〈표 8-2〉, 〈표 8-3〉, 〈표 8-4〉와 〈표 8-5〉의 회귀모델에 따른 각 회귀모델 및 단계의 상대적인 중요성을 분석한 결과, 자녀 세대의 다차원적 사회적 배제중 사회적 참여와 권리 차원에 작용하는 모델 1의 1단계의 설명력은 R^2=.09로서 전체 설명력의 백분율 23.08% 수준이었으며, 모델 2의 설명력은 모델 1의 2단계 보다 설명력이 R^2=.17 수준에서 증가하였는데 이것은 전체 설명력의 백분율 43.59%에 해당하였다. 자녀 세대의 다차원적 사회적 배제중 물질적 박탈 차원의 모델 1의 1단계의 설명력은 R^2=.19 수준으로서 이것은 전체 설명력의 백분율 52.78% 수준이었으며, 모델 2의 설명력은 모델 1의 2단계보다 설명력이 R^2=.02 수준에서 증가하였는데 이것은 전체 설명력의 백분율 5.56%에 해당하였다. 규범적인 통합 차원에 작용하는 모델 1의 1단계의 설명력은 전체 설명력의 백분율 28.95% 수준이었으며, 모델 2의 설명력은 모델 1의 2단계보다 설명력이 R^2=.13 수준에서 증가하였는데 이것은 전체 설명력의 백분율 34.21%에 해당하였다. 사회적 관계차원에 작용하는 모델 1의 1단계의 설명력은 전체 설명력의 백분율 24.14% 수준이었으며, 모델 2의 설명력은 모델 1의 2단계보다 R^2=.16 수준에서 증가하였고 이것은 전체 설명력중 백분율 55.17%에 해당하였다. 자녀 세대의 다차원적 사회적 배제중 거시사회 공평성 차원에 작용하는 모델 1의 1단계의

설명력은 전체 설명력의 백분율 43.24% 수준이었으며, 모델 2의 설명력은 모델 1의 2단계보다 R^2=.09 수준에서 증가하였고 이것은 전체 설명력의 백분율 24.32%에 해당하였다.

〈표 8-1〉 자녀 세대의 다차원적 사회적 배제중 사회적 참여와 권리 차원에 작용하는 변인들의 효과 분석

(n=221쌍)

다차원적 사회적 배제/조절변인			사회적 참여와 권리 차원		
			모델1		모델2
			1단계	2단계	
			β	β	β
부모 세대	사회적참여와 권리차원		.03	.08	.15
	물질적 박탈 차원		.03	-.00	-.03
	규범적인 통합 차원		.26**	.37**	.36**
	사회적 관계 차원		-.06	.02	-.04
	거시사회 공평성 차원		.05	-.04	-.05
	사회적 연계	결속적 연계		-.09	-.20
		교량적 연계		.08	.16
	1일 모바일 사용시간			-.03	-.01
	자기조절			.08	.08
	자아존중감			-.11	.12
자녀 세대	사회적 연계	결속적 연계			-.10
		교량적 연계			-.13
	1일 모바일 사용시간				.02
	자기조절				-.17
	자아존중감				-.30**
Intercept			15.61***	16.29**	27.09***
F Value			4.42***	3.44***	4.62***
R-Square			.09	.22	.39
Add. R-Square			-	.13	.17
D-W D			1.57	1.66	1.97

* $p<0.05$ ** $p<0.01$ *** $p<0.001$

〈표 8-2〉 자녀 세대의 다차원적 사회적 배제중 물질적 박탈 차원에 작용하는 변인들의 효과 분석

(n=221쌍)

다차원적 사회적 배제/조절변인			물질적 박탈 차원		
			모델1		모델2
			1단계	2단계	
			β	β	β
부모 세대	사회적참여와 권리차원		-.10	-.14	-.11
	물질적 박탈 차원		.31**	.38***	.37**
	규범적인 통합 차원		.29**	.46***	.49***
	사회적 관계 차원		-.14	-.16	-.18
	거시사회 공평성 차원		.10	.01	-.05
	사회적 연계	결속적 연계		-.04	-.10
		교량적 연계		-.03	.05
	1일 모바일 사용시간			.03	-.00
	자기조절			.15	.21*
	자아존중감			-.04	.02
자녀 세대	사회적 연계	결속적 연계			-.01
		교량적 연계			-.00
	1일 모바일 사용시간				.06
	자기조절				-.04
	자아존중감				-.17
Intercept			6.51***	4.09	6.18
F Value			10.16***	6.27***	4.06***
R-Square			.19	.34	.36
Add. R-Square			-	.15	.02
D-W D			2.00	2.14	2.27

* p〈0.05 ** p〈0.01 *** p〈0.001

〈표 8-3〉 자녀 세대의 다차원적 사회적 배제중 규범적인 통합 차원에 작용하는 변인들의 효과 분석

(n=221쌍)

다차원적 사회적 배제/ 조절변인			규범적인 통합 차원		
			모델1		모델2
			1단계	2단계	
			β	β	β
부모 세대	사회적참여와 권리차원		.03	-.02	.00
	물질적 박탈 차원		.04	-.07	-.07
	규범적인 통합 차원		.33**	.47***	.49***
	사회적 관계 차원		-.04	.16	.10
	거시사회 공평성 차원		-.04	-.15	-.16
	사회적 연계	결속적 연계		-.13	-.23*
		교량적 연계		.01	.09
	1일 모바일 사용시간			-.02	-.01
	자기조절			.03	.05
	자아존중감			.10	.11
자녀 세대	사회적 연계	결속적 연계			-.11
		교량적 연계			-.06
	1일 모바일 사용시간				.04
	자기조절				-.17
	자아존중감				-.24*
Intercept			5.44***	6.43**	9.48***
F Value			5.22***	4.06***	4.37***
R-Square			.11	.25	.38
Add. R-Square			-	.14	.13
D-W D			1.60	1.60	1.72

* p〈0.05 ** p〈0.01 *** p〈0.001

〈표 8-4〉 자녀 세대의 다차원적 사회적 배제중 사회적 관계 차원에 작용하는 변인들의 효과 분석

(n=221쌍)

다차원적 사회적 배제/조절변인			사회적 관계 차원		
			모델1		모델2
			1단계	2단계	
			β	β	β
부모 세대	사회적 참여와 권리 차원		.11	.11	.18
	물질적 박탈 차원		-.02	-.06	-.01
	규범적인 통합 차원		.19*	.27	.27
	사회적 관계 차원		-.11	-.01	-.13
	거시사회 공평성 차원		.08	.03	.03
	사회적 연계	결속적 연계		-.06	-.17
		교량적 연계		.05	.12
	1일 모바일 사용시간			-.00	.07
	자기조절			.05	.10
	자아존중감			-.07	.08
자녀 세대	사회적 연계	결속적 연계			-.04
		교량적 연계			-.13
	1일 모바일 사용시간				.00
	자기조절				-.21*
	자아존중감				-.22
Intercept			6.88***	6.97**	10.55***
F Value			3.45**	1.81	2.95***
R-Square			.07	.13	.29
Add. R-Square			-	.06	.16
D-W D			1.82	1.58	1.71

* $p<0.05$ ** $p<0.01$ *** $p<0.001$

〈표 8-5〉 자녀 세대의 다차원적 사회적 배제중 거시사회공평성 차원에 작용하는 변인들의 효과 분석

(n=221쌍)

<table>
<tr><th colspan="3" rowspan="3">다차원적 사회적 배제/
조절변인</th><th colspan="3">거시사회 공평성 차원</th></tr>
<tr><th colspan="2">모델1</th><th rowspan="2">모델2</th></tr>
<tr><th>1단계</th><th>2단계</th></tr>
<tr><th colspan="3"></th><th>β</th><th>β</th><th>β</th></tr>
<tr><td rowspan="10">부모 세대</td><td colspan="2">사회적 참여와 권리 차원</td><td>-.14</td><td>-.22</td><td>-.22</td></tr>
<tr><td colspan="2">물질적 박탈 차원</td><td>.09</td><td>.14</td><td>.08</td></tr>
<tr><td colspan="2">규범적인 통합 차원</td><td>.30***</td><td>.40**</td><td>.39**</td></tr>
<tr><td colspan="2">사회적 관계 차원</td><td>-.11</td><td>-.02</td><td>-.04</td></tr>
<tr><td colspan="2">거시사회 공평성 차원</td><td>.24**</td><td>.26**</td><td>.26**</td></tr>
<tr><td rowspan="2">사회적 연계</td><td>결속적 연계</td><td></td><td>-.03</td><td>-.09</td></tr>
<tr><td>교량적 연계</td><td></td><td>-.11</td><td>-.03</td></tr>
<tr><td colspan="2">1일 모바일 사용시간</td><td></td><td>-.01</td><td>-.02</td></tr>
<tr><td colspan="2">자기조절</td><td></td><td>.13</td><td>.10</td></tr>
<tr><td colspan="2">자아존중감</td><td></td><td>.00</td><td>.12</td></tr>
<tr><td rowspan="5">자녀 세대</td><td rowspan="2">사회적 연계</td><td>결속적 연계</td><td></td><td></td><td>-.08</td></tr>
<tr><td>교량적 연계</td><td></td><td></td><td>-.01</td></tr>
<tr><td colspan="2">1일 모바일 사용시간</td><td></td><td></td><td>.24**</td></tr>
<tr><td colspan="2">자기조절</td><td></td><td></td><td>.04</td></tr>
<tr><td colspan="2">자아존중감</td><td></td><td></td><td>-.22*</td></tr>
<tr><td colspan="3">Intercept</td><td>1.93***</td><td>-0.02</td><td>0.92</td></tr>
<tr><td colspan="3">F Value</td><td>8.31***</td><td>4.79***</td><td>4.20***</td></tr>
<tr><td colspan="3">R-Square</td><td>.16</td><td>.28</td><td>.37</td></tr>
<tr><td colspan="3">Add. R-Square</td><td>-</td><td>.12</td><td>.09</td></tr>
<tr><td colspan="3">D-W D</td><td>2.01</td><td>1.95</td><td>1.90</td></tr>
</table>

* p<0.05 ** p<0.01 *** p<0.001

Social Inclusion

Nomative Integration

Values

Human Rights

Respect

Equality

Legal

Migration

IV

결론 및 논의

세대간 전이(intergenerational transmission)는 특정한 특성이나 행동이 부모와 자녀 세대 모두에서 나타나는 현상을 의미한다 (Besemer, 2017). 이러한 맥락에서 세대간 전이(transmission)는 세대간 동질성(similarity) 또는 연속성(continuty)을 의미하는 것으로(Besemer, 2017; Branje et al., 2020; Fasang & Raab, 2012) 인식한다.

세대간(intergeneration) 그리고 세대내(intrageneration)의 사회적 배제(social exclusion)의 전이(transmission)를 분석한 선행 연구(Hobcraf, 2002; Mare, 2011)에 의하면, 자녀 세대의 사회적 배제는 자녀 세대의 생애 과정(life courses)에 영향을 미치는 부모 효과 (parental effect)에 의해 발생한다. 그런데 여러 선행 연구(Bird, 2007; Branje et al., 2020; Fasang & Raab, 2012)에서는 자녀 세대로의 전이에는 부모 효과(parental effect)의 다른 조절 인자들 (regularities)이 작용한다고 주장한다. 또한 여러 선행 연구(윤신희, 2016; Arslan, 2019; Baumeister & Tice, 1990; Hobcraf, 2002; Leary et al., 1995; Leary & Baumeister, 2000; Scheff et al, 1989-Leary et al., 1995에서 인용; Teng & Chen, 2012)에서는 사회적 배제를 조절하거나 예측 가능하게 하는 변인으로서 자아존중감[8] · 자기 조절 · 사회적 결합 · 전화 및 모바일 접근성을 들고 있

8) 〈부표 5-1〉에 의하면 부모 세대인 결혼이민여성의 다차원적 사회적

다.

이에 본 연구에서는 두 세대 접근(two-generation approaches) 및 쌍체표집(paired sampling)에 기반하여 부모 세대인 결혼이민여성과 자녀 세대간 다차원적 사회적 배제와 이의 조절 변인의 상관 관계 · 자녀 세대의 다차원적 사회적 배제와 각 세대별 다차원적 사회적 배제 조절 변인의 상관 관계를 분석하고자 하였다. 또한 자녀 세대의 다차원적 사회적 배제에 작용하는 부모 세대인 결혼이민여성의 다차원적 사회적 배제와 이의 조절 변인과 자녀 세대 조절 변인의 영향력 그리고 자녀 세대의 다차원적 사회적 배제에 작용하는 부모 효과(parental effect)와 자녀 세대 효과(child generational effect)의 상대적인 중요성을 규명하기 위해 위계적 회귀분석을 하였다.

본 연구에서 밝혀진 주요 연구 결과에 따른 결론을 다음과 같이 논의할 수 있다.

배제와 조절 변인의 상관 관계를 분석한 결과, 부모 세대인 결혼이민여성의 자아존중감은 부모 세대인 결혼이민여성의 모든 차원의 사회적 배제와 부적으로 유의하게 상관되었다. 〈부표 5-2〉에 의하면 부모 세대인 결혼이민여성의 모든 차원의 사회적 배제에 결혼이민여성의 조절변인중 자아존중감만이 가장 중요하게 부적으로 유의한 효과가 있었다.

1. 다차원적 사회적 배제의 세대간 전이의 부모 효과(parental effect)

첫째, 두 세대 접근(two-generation approaches)에 기반하여 부모 세대인 결혼이민여성과 자녀 세대간 다차원적 사회적 배제의 상관관계를 분석한 결과, 두 세대의 다차원적 사회적 배제중 사회적 참여와 권리 차원 · 물질적 박탈 차원 · 규범적인 통합 차원 · 거시사회 공평성 차원은 모두 통계적으로 유의한 비교적 높은 수준의 상관을 나타냈다(표 5).

따라서 다차원적 사회적 배제중 사회적 참여와 권리 차원 · 물질적 박탈 차원 · 규범적인 통합 차원 · 거시사회 공평성 차원은 부모 세대인 결혼이민여성과 자녀 세대간 사회적 배제의 동질성(Similarity) 또는 연속성(continuty)의 수준이 유의미하다고 할 수 있다.

둘째, 자녀 세대의 다차원적 사회적 배제에 작용하는 부모 세대인 결혼이민여성의 다차원적 사회적 배제와 각 세대별 이의 조절 변인의 효과 그리고 자녀 세대의 다차원적 사회적 배제에 작용하는 부모 효과(parental effect)와 자녀 세대 효과(child generational effect)의 상대적인 중요성을 규명하기 위해 위계적 회귀분석(hierarchical regression)한 결과(표 8-1, 표 8-2, 표 8-3, 표 8-4와 표 8-5), 자녀 세대의 다차원적 사회적 배제중 4개 차원 즉, 사회적 참여와 권리 차원 · 물질적 박탈 차원 · 규범적인 통합 차원 · 거시사회 공평성 차원에 가장 영향력이 높고 유의하게 작용하는 변인은 부모 세대인 결혼이민여성의 다차원적 사회적 배제중 규범적인 통합 차원이었다.

따라서 부모 효과(parental effect), 즉 부모 세대인 결혼이민여성의 다차원적 사회적 배제중 규범적인 통합 차원은 자녀 세대의 다차원적 사회적 배제에 유의한 부모 효과를 지니며, 세대간 전이(intergenerational transmittion)의 동질성(similarity) 또는 연속성(continuty)에 가장 중요히게 작용하는 요인이라고 볼 수 있다. 또한 〈표 5〉에 의하면 부모 세대인 결혼이민여성의 다차원적 사회적 배제중 규범적인 통합 차원은 자녀 세대의 다차원적 사회적 배제중 물질적 박탈 차원과 가장 높은 수준(r=.36)의 상관을 보였다.

차별받는 사람은 물질적 박탈 상태에 있게 된다는 주장(Bird, 2007)이나 결혼이민여성의 사회 내부로의 차별과 배제에 관한 주장(Burchardt et al. 1999) 또는 본 연구에서의 다차원적 사회적 배제중 규범적인 통합(normative integration) 차원이 통합의 진정성 혹은 올바른 가치 지향을 의미한다는 것을 고려해 볼 때, 본 연구의 결과는 다차원적 사회적 배제의 세대간 전이(intergenerational transmittion)를 차단(cut off)하고 예방하기 위해서는 부모 세대에 대한 보이지 않는 차별과 경계를 완화하고 주류사회 안으로 진정성 있게 포용하는 규범적인 통합의 노력과 물질적 박탈 및 구조적인 불공평의 체계를 극복하려는 노력이 병행되어야 한다는 것을 시사한다고 볼 수 있다.

셋째, 〈표 8-1〉, 〈표 8-2〉, 〈표 8-3〉, 〈표 8-4〉와 〈표 8-5〉에 의하면, 자녀 세대의 다차원적 사회적 배제중 물질적 박탈차원의 모델 2의 설명력은 모델 1의 2단계보다 R^2=.02 수준에서 증가하였으며 이것은 전체 설명력의 5.56%에 불과하였다.

규범적인 통합 차원의 모델 2의 설명력은 모델 1의 2단계보다 R^2=.13 수준에서 증가하였으며 이것은 전체 설명력의 34.21%에 해당하였다. 이것은 모델 1의 1단계보다 모델 1의 2단계에서 증가한 R^2=.14보다 미미하지만 낮은 수준이었다. 거시사회 공평성 차원의 모델 2의 설명력은 모델 1의 2단계보다 R^2=.09 수준에서 증가하였으며 이것은 전체 설명력의 24.32%에 해당하였다.

이것은 자녀 세대의 다차원적 사회적 배제중 물질적 박탈 차원 · 규범적인 통합 차원 · 거시사회 공평성 차원에는 다차원적 사회적 배제 조절 변인의 부모 효과(parental effect)가 자녀 세대 효과(child generational effect)보다 중요하게 작용한다는 것을 시사하는 결과로 해석할 수 있으며, 특히 물질적 박탈 차원 · 거시사회공평성 차원에서 더욱 그러하다고 볼 수 있다.

아주 단 기간의 물질적 박탈이라 할지라도 자녀 세대의 발달에 돌이킬 수 없는 심각한 손상을 줄 수 있다는 주장(Bird, 2007)을 고려해 볼 때, 다차원적 사회적 배제의 물질적 박탈 차원 · 거시사회공평성 차원의 세대간 단절(cut off)을 위해 다양한 생태적응자원을 지원하는 방안이 확충되어야 한다고 본다. 정책제도의 제한으로 근로의욕이나 자립의지를 상실하여 무력하고 의존적으로 생활하지 않도록 정책 및 복지 제도를 수혜하는 각종 규제를 개선해 나아가야 할 것이다. 또한 정보화의 접근성을 확대하여 정보 수준의 세대 또는 계층간의 격차를 축소하고 주류사회 내로의 사회관계망9) 형성을 확대하는 프로그램을 장려해야 할 것으로 본다.

넷째, 두 세대 접근(two-generation approaches)에 기반하여 자녀 세대의 다차원적 사회적 배제와 각 세대별 사회적 배제 조절변인과의 상관관계를 분석한 결과(표 7-1, 표 7-2), 부모 세대인 결혼이민여성의 조절 변인인 자아존중감은 자녀 세대의 다차원적

9) 결혼이민여성의 28.65%가 사회 관계망 지원 차원에서 사회적 인식 개선이 필요하다고 했다. 21.10%가 일자리 지원을, 57.22%가 자가주택의 신축 및 수리가 필요하다고 하였다(양순미, 2012).

사회적 배제중 사회적 참여와 권리 · 규범적인 통합 · 사회적 관계 차원과 통계적으로 유의한 수준에서 부적으로 상관을 보였다. 또한 〈표 6〉에 의하면, 부모 세대인 결혼이민여성과 자녀 세대의 자아존중감은 r=.36(p=0.001) 수준에서 다차원적 사회적 배제의 조절 변인중 가장 높은 수준의 상관을 이루는 것으로 나타났으며, 이는 어머니의 자아존중감이 자녀 세대의 자아존중감과 유의하게 상관되었다는 이수현 · 정혜은(2020)의 연구 결과와 일치하였다.

이러한 결과는 자녀 세대에 작용하는 부모 효과(parental effect)에 있어서 다른 조절 인자들(regularities)의 효과를 고려해야 한다는 주장(Bird, 2007; Branje et al., 2020; Fasang & Raab, 2012)을 지지하는 결과라 할 수 있다.

이러한 결과에 비추어 볼 때 부모 세대인 결혼이민여성들의 자아존중감을 향상하고 긍정적인 마인드를 강화하는 사회 학습 교육의 기회가 확충되어야 한다고 본다.

2. 다차원적 사회적 배제의 세대간 전이의 자녀 세대 효과(child generational effect)

첫째, 두 세대 접근(two-generation approaches)에 기반하여 부모 세대인 결혼이민여성과 자녀 세대간 다차원적 사회적 배제의 상관관계를 분석한 결과(표 5), 다차원적 사회적 배제중 결혼이민여성의 사회적 관계 차원과 자녀 세대의 사회적 관계 차원은 통계적으로 무의미한 낮은 수준의 상관관계를 보였다.

또한 자녀 세대의 다차원적 사회적 배제에 작용하는 부모 세대인 결혼이민여성의 다차원적 사회적 배제와 각 세대별 이의 조절 변인의 효과 그리고 자녀 세대의 다차원적 사회적 배제에 작용하는 부모 효과(parental effect)와 자녀 세대 효과(child generational effect)의 상대적인 중요성을 규명하기 위해 자녀 세대의 다차원적 사회적 배제에 작용하는 결혼이민여성 세대의 다차원적 사회적 배제와 각 세대별 이의 조절 변인을 위계적 회귀분석(hierarchical regression)한 결과(표 8-1, 표 8-2, 표 8-3, 표 8-4와 표 8-5), 자녀 세대의 다차원적 사회적 배제중 사회적 관계 차원에 작용하는 부모세대인 결혼이민여성 변인의 효과는 모두 통계적으로 무의미하였다.

따라서 자녀 세대의 다차원적 사회적 배제 중 사회적 관계 차원의 세대간 전이에 관한 부모 효과(parental effect)는 낮은 것으로 볼 수 있다.

이것은 세대간에 학습 및 경험하는 사회 문화적 상황이 다르기 때문에 생겨나는 세대간의 본질적인 차이 때문인 것(Davis, 1974)으로서, 결혼이민여성 세대는 생애 과정중 성장기를 동북아시아 문화권에서 생활하며 사회화된 이후 성인기에 이르러 한국 사회의 가족생활문화권으로 결혼이민해(양순미, 2020) 왔기 때문에 자녀 세대보다 우리 사회에서 함께 대화를 나누고 친밀감을 형성하며 공감하는 관계 대상이 제한되어 있는 반면 한국에서 생활하며 사회화된 자녀 세대는 관계 형성이 자유롭고 관계 형성의 대상이 우리 사회안에서 보다 폭넓기 때문인 것으로 사료된다.

둘째, 〈표 8-1〉, 〈표 8-2〉, 〈표 8-3〉, 〈표 8-4〉와 〈표 8-5〉에 의하면, 자녀 세대의 다차원적 사회적 배제중 사회적 참여와 권리 차원의 모델 2의 설명력은 모델 1의 2단계보다 설명력이 R^2= .17 수준에서 증가하였으며 이것은 전체 설명력 중 백분율 43.59%에 해당하였다. 사회적 관계 차원의 모델 2의 설명력은 모델 1의 2단계보다 설명력이 R^2=.16 수준으로 증가하였으며 이것은 전체 설명력 중 백분율 55.17%에 해당하였다. 이것은 자녀 세대의 다차원적 사회적 배제중 사회적 참여와 권리 차원 · 사회적 관계 차원에 작용하는 다차원적 사회적 배제 조절 변인의 설명력은 자녀 세대 효과(child generational effect)가 부모 효과(parental effect)보다 상대적으로 아주 중요하게 작용한다는 것을 함축한다.

또한 자아존중감이나 자기 조절과 같은 조절 변인을 통해 사회적 참여와 권리 차원 · 사회적 관계 차원의 사회적 배제를 자녀 세대내(intragenetation)에서 완화하고 세대간 연결고리를 차단할 수 있는 가능성이 자녀 세대내(intragenetation)에 잠재해 있다는 것을 시사하는 결과로 해석할 수 있다.

이는 청소년의 사회적 배제의 문제를 관계(network)차원에서 조명할 필요가 있다는 강영배(2009)의 지적처럼, 옳고 그른 것에 관한 도덕적 판단을 포함하여 다른 사람들을 관찰 · 모방 · 모델링(modeling)하면서 (Branje et al., 2020; De Vries et al., 2009; Nabavi, 2012) 좋은 새로운 정보와 행동을 학습하고 공유하는 관계 확충의 기회들이 보다 다양하게 제공되어야 한다는 것을 시사하는 결과로 볼 수 있다.

셋째, 〈표 8-1〉, 〈표 8-2〉, 〈표 8-3〉, 〈표 8-4〉와 〈표 8-5〉에 의하면, 사회적 배제와 전화 접근성 및 모바일폰의 활용이 부적 관계가 있을 것이라는 선행 연구(윤신희, 2016; Hobcraf, 2002) 결과와는 다르게 본 연구에서 자녀 세대의 1일 모바일 사용 시간은 자녀 세대의 다차원적 사회적 배제중 거시사회 공평성 차원에 정적으로 작용하였다. 이것은 최근 수십 년 이상 청소년들의 인터넷이나 모바일폰 사용이 증가하면서 게임 활동의 범위가 다양해지고 시공간의 제약을 벗어나 더욱 다채로운 경험들과 접촉이 가능한 삶을 살아가기 때문인 것(Griffiths & Parke, 2010)으로서, 이러한 삶이 오히려 자녀 세대의 대인간 고립이나 단절을 유도한데서 비롯된 결과로 사료된다.

따라서 아동 및 청소년을 대상으로 모바일 폰이나 인터넷 사용의 적정성과 이에 관한 가치 의식 및 윤리를 가이드하는 교육 프로그램의 운용이 강화되어야 한다고 본다.

넷째, 〈표 8-1〉, 〈표 8-2〉, 〈표 8-3〉, 〈표 8-4〉와 〈표 8-5〉에 의하면, 자녀 세대의 자아존중감은 자녀 세대의 다차원적 사회적 배제중 사회적 참여와 권리 차원 · 규범적인 통합 차원 · 거시사회 공평성 차원에 핵심적이고 중요하게 작용했다. 또한 〈표 7-1〉과 〈표 7-2〉에 의하면, 자녀 세대의 자아존중감은 자녀 세대의 다차원적 사회적 배제의 모든 차원의 사회적 배제와 부적으로 가장 유의한 상관을 이루었다.

반면 〈표 8-1〉, 〈표 8-2〉, 〈표 8-3〉, 〈표 8-4〉와 〈표 8-5〉에 의하면, 부모 세대인 결혼이민여성의 자아존중감은 자녀 세대의 다차원적 사회적 배제의 모든 차원에서 유의한 영향력을 미치지 못했다. 또한 〈표 7-1〉과 〈표 7-2〉에 의하면, 부모 세대인 결혼이민여성의 자아존중감은 자녀 세대의 다차원적 사회적 배제중 사회적 참여와 권리 차원 · 규범적인 통합 차원 · 사회적 관계 차원에서만 유의하게 상관되었다.

따라서 자녀 세대의 자아존중감(self esteem)은 다차원적 사회적 배제의 세대간 전이(intergenerational transmittion)를 조절하는 핵심변인으로서 상대적으로 중요한 자녀 세대 효과를 지닌다고 할 수 있다.

자아존중감(self esteem)이 대인간 패턴 및 동기와 밀접하게 관련되어 있으며 타인의 반응에 대한 인간의 인식 방향을 결정하는 역할을 한다는 주장(Baumeister et al, 1989-Baumeister & Tice, 1990에서 인용; Leary et al., 1995)을 고려해 볼 때, 향후 아동 및 청소년기에 있는 자녀 세대들의 자아존중감을 향상하는 교육 프로그램이 학교 교육 현장에서 다각적으로 개발되고 실행되어야 한다고 본다(양순미, 2021a). 이것은 다차원적 사회적 배제의 세대간 전이(intergenerational transmittion)의 악순환적 연결 고리를 차단하고 세대 단절(generation cut-off)을 유인하며 자녀 세대의 미래를 보다 긍정적으로 조망하는 핵심 기제로 작동할 것으로 본다.

3. 요약 및 함의

생애과정이론(life courses theory)에 의하면 삶과 연계된 원리 안에서 가족 관계의 중요성은 삶(lives)이 상호 의존적으로 살아진다는 데에 있으며, 이것은 사회 역사적 영향력이 공유된 관계십망을 통해 표현되며(Elder, Johnson & Crosnoe, 2003-Fasang & Raab, 2012에서 인용), 여러 관계십망 중에서 가장 중요한 관계십인 부모 자녀 관계는 그러한 공유된 관계십중 핵심적인 관계망이다(양순미, 2022b ; Fasang & Raab, 2012).

부모와 자녀 세대간 전이(intergenerational transmittion)는 대부분 공유된 환경, 옳고 그른 것에 관한 도덕적 판단을 포함하여 부모 세대의 행동을 관찰 · 모방 · 모델링(modeling)하면서 사회화와 학습을 통해 이루어진다. 이러한 의미에서 세대간 전이(intergenerational transmittion)에는 부모 효과(parental effect)가 중요하게 작용한다고 볼 수 있다.

그러나 세대간(intergeneration)에 본질적인 차이가 존재하며 이에 더하여 생의 동일한 단계에서 각 세대가 학습 및 경험하는 사회문화적 상황이 다르기 때문에 동일한 시안에 대한 세대간의 인식이 다르다(Davis, 1974). 따라서 세대간 전이(intergenerational transmission)는 자녀 세대 효과(child generational effect)나 자아 존중감과 같은 조절 변인에 의해 조절되어질 수 있는 여지가 크다.

본 연구의 결론 및 논의를 종합하여 요약하고 제언하면, 다차원적 사회적 배제중 사회적 관계 차원 이외의 사회적 참여와 권리 차원 · 물질적 박탈 차원 · 규범적인 통합 차원 · 거시사회 공평성 차원은 부모 세대인 결혼이민여성과 자녀 세대간에 상관관계가 유의미하게 높아 동질성(Similarity)이 높다고 볼 수 있다. 또한 사회적 관계 차원을 제외한 나머지 4개 차원에서 자녀 세대 다차원적 사회적 배제 차원에 가장 중요하게 작용하는 변인은 부모 세대인 결혼이민여성 세대의 다차원적 사회적 배제중 규범적인 통합 차원이었다. 사회적 배제의 조절 변인의 설명력은 물질적 박탈 차원 · 규범적인 통합 차원 · 거시사회 공평성 치원에서 모델 1의 2단계의 설명력이 모델 2의 설명력보다 상대적으로 높았다. 이러한 측면에서 볼 때 다차원적 사회적 배제의 세대간 전이(intergenerational transmittion)에는 부모 효과(parental effect)가 자녀 세대 효과(child generational effect) 보다 중요하게 작용한다고 할 수 있다.

그러나 사회적 참여와 권리 차원 · 사회적 관계 차원에서 사회적 배제의 조절 변인의 설명력은 모델 1의 2단계의 설명력의 증가율이 모델 2의 설명력의 증가율보다 상대적으로 낮았다. 이것은 자녀 세대의 다차원적 사회적 배제중 사회적 참여와 권리 차원 · 사회적 관계 차원에는 자녀 세대 효과(child generational effect)가 부모 효과(parental effect)보다 중요하게 작용함을 시사하는 결과이다. 특히 자녀 세대의 다차원적 사회적 배제 중 사회적 관계 차원의 세대간 전이에 부모 효과(parental effect)는 거의 없는 것으로 볼 수 있다.

또한 자아존중감은 부모 효과(parental effect)보다 중요하게 자녀 세대 효과(child generational effect)를 갖는 조절 변인으로서 다차원적 사회적 배제의 세대간 전이(intergenerational transmittion)의 악순환의 연결 고리를 단절(cut off)할 뿐만 아니라 자녀 세대의 긍정적인 미래를 담보하고 전망케 하는 핵심적인 기제라고 할 수 있다.

실증적인 연구 방법론적 차원에서 본 연구의 결과를 종합해 볼 때, 사회적 배제(social exclusion)의 세대간 전이(intergenerational transmittion)연구는 사회적 배제(social exclusion)의 다차원적 특성을 고려하며 논의 및 검증해야 할 것으로 본다. 또한 세대간 전이(intergenerational transmittion) 연구는 다세대 접근으로 조명해야 한다는 Mare(2012)의 주장에 비추어, 본 연구의 결과는 세대간 전이(intergenerational transmittion) 연구가 정량적으로 연구 방법론적인 측면을 제고하면서 다세대 접근(multi-generation approaches)으로 검증되어야 할 것을 시사한다고 본다. 이것은 본 연구에서 전제하는 다차원적 사회적 배제 척도의 활용과 쌍체표집에 근거한 두 세대 접근의 기제가 본 연구의 연구 문제를 검증하는데 타당하다는 것을 함의한다고 볼 수 있다.

본 연구는 두 세대 접근(two-generation approaches) 및 쌍체표집(paired sampling)에 기반하여 부모 세대인 결혼이민여성과 자녀 세대간 다차원적 사회적 배제 및 이의 조절 변인의 세대간 전이(intergenerational transmittion)에 있어서 동질성(similarity) 또는 연속성(continuty)의 유의미성을 규명하고, 자녀 세대의 다차원적 사회적 배제의 세대간 전이(intergenerational transmittion)에 작용하는 부모 세대인 결혼이민여성의 다차원적 사회적 배제와 각 세대별 이의 조절 변인의 효과를 규명하며, 자녀 세대의 다차원적 사회적 배제에 작용하는 부모 세대인 결혼이민여성의 부모 효과(parental effect)와 자녀 세대 효과(child generational effect)의 상대적인 중요성을 분석하고 정책적 함의를 제언하였다는 데에 연구의 의의가 있다.

Social Inclusion

Nomative Integration

Values

Human Rights

Respect

Equality

Legal

Migration

V

참고 문헌

1. 국내

[1] 강영배. (2009). 사회적 배제의 관점에서 본 청소년 문제 및 정책에 관한 고찰. 청소년 복지 연구. 11(4), 101-127.

[2] 김경미, 김동기, 유동철, 신유리. (2013). 장애인용 사회적 배제 척도개발 연구. 한국직업재활학회, 23(1), 47-64.

[3] 김구. (2014). 한국에서 정보격차와 사회적 배제의 관계에 관한 탐색적 비교 분석. 한국지역정보화학회지. 17(2), 61-88.

[4] 김지희. (2019). 중년여성의 갱년기 증상 수준에 따른 자기조절 능력의 차이 분석. 석사학위논문. 국제뇌교육종합대학원대학교. 서울.

[5] 양순미. (2012). 농촌 다문화가족 자립실태 및 지원 방안. 농촌진흥청 국립농업과학원 (발간번호 11-1390802-000550-11, ISBN 978-89-480-1738-0 93520).

[6] 양순미. (2018). 농촌 결혼이민여성의 사회자본 영향변인 및 생활만족도에 미치는 효과 분석. 한국지역사회생활과학회지. 29(4), 571-590. doi.org/10.7856/kjcls. 2018. 29.4.571.

[7] 양순미. (2020). 다문화사회 농촌의 가족우선성 가족주의 가치 비교 연구: 가족인정범주, 독신・결혼・이혼 태도에 따른 비교 중심. 가정과 삶의 질 연구(한국가정관리학회지). 38(3), 117-142. doi.org/10.7466/JKHMA.2020.38.3.117.

[8] 양순미. (2021a). 청소년 정책연구집 대인관계 · 리더십(ISBN 978-89-480-7100-9 93520). 서울 : 광문당.

[9] 양순미. (2021b). 농촌 결혼이민여성과 자녀들의 사회적 배제 및 포용의 실태 · 사례 · 진단. 농촌진흥청 국립농업과학원(발간등록번호 11-1390802-001539-01, ISBN 978-89-480-716-8 93520).

[10] 양순미. (2022a). 농촌 결혼이민여성(결혼이민여성과 다문화 자녀) 사회적 배제 해결 및 포용 방안 개발 연구 최종보고서. 농촌진흥청 국립농업과학원.

[11] 양순미. (2022b). 가족의례와 가족주의가치 (ISBN 978-89-480-7266-2 93520). 서울 : 광문당.

[12] 양순미, 유영주. (2000). 부모와 자녀 세대가 인지한 농촌가족의 건강성 및 관련변인의 특성 연구 : 맏자녀가 중등학교 이상에 다니는 농가 중심. 한국가족관계학회지. 5(1), 67-91.

[13] 양순미, 안선희, 정민자. (2021). 결혼이민여성을 위한 사회적 배제 척도(SES) 개발 및 타당도 검증. 한국지역사회생활과학회지. 32(4), 611-628. doi.org/10.7856 /kjcls.2021.32.4.611.

[14] 옥정, 방희정. (2012). 아버지 애착의 세대간 전이 : 탐색민감성의 매개효과를 중심으로. 한국심리학회지:발달. 25(2), 45-65.

[15] 윤성호. (2012). 한국형 사회배제성 척도 개발 연구. 사회보장

연구, 28(1), 53-95.

[16] 윤신희. (2016). 모빌리티스(Mobilities)와 사회적 배제 간의 연관성 연구. 박사학위논문. 경희대학교, 서울.

[17] 이수현, 정혜은. (2020). 가족상호작용을 통한 자존감의 세대간 전이: 초등학교 저학년 자녀를 둔 가족을 중심으로. Korean Journal of Child Studies. 41(5), 73- 83. doi.org/10.5723/kjcs.2020.41.5.73.

[18] 이병관, 윤태웅, 노환호, 임혜빈. (2019). 한국형 사회적 배제 경험 척도 개발 및 타당화 연구. 한국심리학 회지: 소비자·광고, 20(1), 127-152.

[19] 이애리. (2014). 사회적 배제 경험, 가족 건강성 및 기본 심리욕구 만족이 청소년의 분노조절에 미치는 영향. 석사학위논문. 충북대학교, 청주.

[20] 장미자, 조복희. (1999). 애착의 세대간 전이 : 어머니의 내적 실행모델과 영아의 애착유형. 아동학회지. 20(1), 147-164.

[21] 최해훈. (2015). 애착의 세대간 전이에서 어머니 반영 기능의 매개효과. 박사 학위 논문. 이화여자대학교, 서울.

[22] 하상희, 정혜정. (2008). 자기분화의 세대간 전이가 대학생의 심리적 적응에 미치는 영향. 대한가정학회지. 46(7), 95-108.

2. 국외

[1] Arslan, G. (2019). Mediating role of the self-esteem and resilience in the association between social exclusion and life satisfaction among adolescents. Personality and Individual Differences. 151, 1-6. doi.org/10.1016/j.paid. 2019.109514.

[2] Australian Government. (2008). Social inclusion; Origins, concepts and key themes. Commonwealth of Australia.

[3] Azpitarte F. (2012). Social exclusion monitor bulletin. Resrarch Bulletin. Brotherhood of St Laurence & Melbourne Institute.

[4] Baumeister, R. F., & Lcary, M. R. (1995). The need to belong : Desire for interpersonal attachments as a fundamental human motivation. Psychological Bulletin. 117(3), 497-529.

[5] Baumeister, R. F., DeWall, C.N., Ciarocco, N. J., & Twenge, J. M. (2005). Social exclusion impairs self-regulation. Journal of Personality and Social Psychology. 88(4), 589–604. doi: 10.1037/0022-3514.88.4.589.

[6] Baumeister, R. F., & Tice, D. M. (1990). Anxiety and social exclusion. Journal of Social and Clinical Psychology. 9(2), 165-195.

[7] Baumeister, R. F., & Vohs, K. D. (2007). Self-regulation, ego depletion, and motivation. Social and Personality Psychology Compass. 1(1), 115–128.

[8] Beall J, Piron, LH. (2005). DFID social exclusion review. The London School of Economics and Politial Science.

[9] Bernier, A., & Miljkovitch, R. (2009). Intergenerational transmission of attachment in father-child dyads : The case of single parenthood. The Journal of Genetic Psychology. 170(1), 31–51.

[10] Besemer, S. (2017). Intergenerational transmission of violence. doi : 10.1002/ 9781118524275.

[11] Bird, K. (2007). The intergenerational transmission of poverty: An overview. Chronic Poverty Research Centre Working Paper 99. ISBN 1-904049-98-2.

[12] Bradshaw J, Williams J, Levitas R, Pantazis C, Patsios D, Townsend P, Gorden D, Middleton S. (2000). The relationship between poverty and social exclusion in Britain. The 26th General Conference of The International Association for Research in Income and Wealth. Poland.

[13] Branje, S., Geeraerts, S., de Zeeuw, E.L, Oerlemans, A.M.,

Elisabeth K.-V. M., Schulz, S., Nelemans, S., Meeus, W., Hartman, C. A., Hillegers, M. H. J., Oldehinkel, A.J., & Boomsma, D. I. (2020). Intergenerational transmission: Theoretical and methodological issues and an introduction to four Dutch cohorts. Developmental Cognitive Neuroscience. August, 1-56. doi.org/10.1016/j.dcn.2020.100835.

[14] Burchardt T., Le Grand J., & Piachaud, D. (2002). Degrees of exclusion: Developing a dynamic, multidimensional measure. In Hills J, Le Grand J, Piachaud D. Understanding social exclusion. Oxford University Press.

[15] D'Ambrosio C, Chakravarty SR. (2003). The Measurement of Social Exclusion. DIW Berlin: German Institute for Economic Research.

[16] Davis, K. (1974). The sociology of parent-youth conflict. In The Fmily : Its Structure & Functions (editor. Coser, R. L.). New York : St, Martin's Press.

[17] De Vries, J., Kalmijn, M., & Liefbroer, A. C. (2009). Intergenerational transmission of kinship norms? Evidence from siblings in a multi-actor survey. Social Science Research.

38, 188-200.

[18] Fasang, A. E., & Raab, M. (2012). Beyond intergenerational transmission: intergenerational patterns of family formation. Paper prepared for the 2013 meeting of the Population Association of America (PAA), New Orleans.

[19] Griffiths, M. D., & Parke, J. (2010). Adolescent gambling on the internet: A review. International Journal of Adolescent Medicine and Health. 22(1), 58-75.

[20] Hines, D. A., & Saudino, K. J. (2002). Intergenerational transmission of intimate partner violence : A behavioral genetic perspective. Trauma, violence, & abuse. 3(3), 210-225.

[21] Healy, T. (2005). In each other's shadow what has the impact of human and social capital on life satisfaction in Ireland? National University of Ireland.

[22] Hobcraf, J. N.(2002). Social exclusion and the generations. In Hills, J., Le Grand, J. & Piachaud, D. (eds.). Understanding Social Exclusion. New York : Oxford University Press.

[23] Karoly, P. (1993). Mechanisms of self-regulation: A systems

view. Article in Annual Review of Psychology. 44, 23-52. doi: 10.1146/annurev.psych.44.1.23.

[24] Kenyon, S., Lyons, G., & Rafferty, J. (2002). Transport and social exclusion: Investigating the possibility of promoting inclusion through virtual mobility. Journal of Transport Geography. 10(3), 207-219.

[25] Leary, M, R,, Tambor, E. S., Terdal, S. K. & Downs. D. L. (1995). Self-esteem as an interpersonal monitor: The sociometer hypothesis. Journal of Personality and Social Psychology. 68(3), 518-530.

[26] Leary, M. R., & Baumeister, R. F. (2000). The nature and function of self-esteem: Sociometer theory. In M. P. Zanna (Vol. Ed.), Advances in experimental social psychology. Vol. 32. Advances in experimental social psychology(pp.162). San Diego, CA: Academic Press.

[27] Levitas R, Pantazis C, Fahmy E, Gordon D, Lloyd E, Patsios D. (2007). The multi-dimensional analysis of social exclusion. Bristol Institute for Public Affairs, University of Bristol.

[28] Mare, R. D. (2011). A multigenerational view of inequality. Demography. 48, 1–23. doi: 10.1007/s13524-011-0014-7

[29] Mathieson J, Popay J, Enoch E, Escorel S, Hernandez M, Johnston H, Rispel L. (2008). Social exclusion meaning, measurement and experience and links to health inequalities; A review of literature. WHO Social Exclusion Knowledge Network Background Paper 1. Lancaster University.

[30] Molden, D. C., Lucas, G. M., Gardner, W. L., Dean, K., & Knowles, M. L. (2009). Motivations for prevention or promotion following social exclusion: Being rejected versus being ignored. Journal of Personality and Social Psychology. 96(2), 415-431.

[31] Nabavi, R. T. (2012). Bandura's social learning theory & social cognitive learning theory. Journal of Psychology and Pedagogics. 15(3), 255—270. doi : 10.22363/2313-1683-2018-15-3-255-270.

[32] NATSEM. (2013). Poverty, social exclusion and disadvantage in Australia. University of Canberra.

[33] O'Donnell P, O'Donovan D, Elmusharaf K. (2018). Measuring social exclusion in healthcare settings; A scoping review. International J for Equity in Health 17(15), 1-16. DOI 10.1186/s12939-018-0732-1.

[34] Ozhiganova, G. V.(2018). Self-regulation and self-regulatory capacities ; Components, levels, models. Journal of Psychology and Pedagogics, 15(3), 255-270. doi : 10.22363/2313-1683-2018-15-3-255-270.

[35] Percy-Smith, J. (2000). Policy responses to social exclusion; Towards insclusion? Philadelphia: Open University Press.

[36] Rawal, N. (2008). Social inclusion and exclusion: A review. Dhaulagiri Journal of Sociology and Anthropology. 2, 161-180.

[37] Rosenberg, M. (1965). Society and the adolescent self image. New Jersey : Princeton University Press.

[38] Silver H. (2007). The process of social exclusion; The dynamics of an evolving concept. CPRC Working Paper 95. Brown University

[39] Solon, G. (2017). Intergenerational transmission of income inequality: What do we know? Focus. 33(2), 3-5.

[40] Tangney, J. P., Baumeister, R. F., & Boone, A. L. (2004). High self-control predicts good adjustment, less pathology, better grades, and interpersonal success. Journal of Personality. 72(2), 271-324.

[41] Teng, F., & Chen, Z. (2012). Does social support reduce distress caused by ostracism? It depends on the level of one's self-esteem. Journal of Experimental Social Psychology. 48, 1192-1195.

[42] UNESCO. (2015). An indicative review of UNESCO's work on social inclusion; A UNESCO-ODI study of promising practices in the field of social inclusion(Paris).

[43] UNRISD. (2015). Social inclusion, poverty eradication and the 2030 agenda for sustainable development. Working Paper. 2015-14. United Nations Research Institute for Social Development.

[44] van Bergen, A. P. L., Hoff, S. J. M., Schreurs, H., van Loon, A., & van Hemert, A. M. (2017). Social exclusion index-for health surveys(SEI-HS): A prospective nationwide study to extend and validate a multidimensional social exclusion questionnaire. BMC Public Health. 17, 1-13. doi: 10.1186/s12889-017-4175-1.

[45] van Bergen, A. P. L, Hoff, S. J. M., van Ameijden, E. J. C., & van Hemert, A. M. (2014). Measuring social exclusion in routine public health surveys: Construction of a

multidimensional instrument. PLoS ONE. 9(5), 1-11. doi:10.1371/journal.pone.0098680.

[46] Waldeck, D., Tyndall, I., & Chmiel, N. (2015). Resilience to ostracism: A qualitative inquiry. The Qualitative Report. 20(10), 1646-1670. doi.org/10.46743/2160- 3715/2015.2346.

[47] WHO EUROPE. (2010). Poverty, social exclusion and health systems in the WHO European Region. Copenhagen, World Health Organization Regional Office for Europe.

[48] Williams, K. D. (2007). Ostracism. Annual Review of Psychology. 58, 425-452.

Social Inclusion

Nomative Integration

Values

Human Rights

Respect

Equality

Legal

Migration

A

부 록

〈부표 1〉 KCI 문헌 유사도 검사 종합결과 확인서

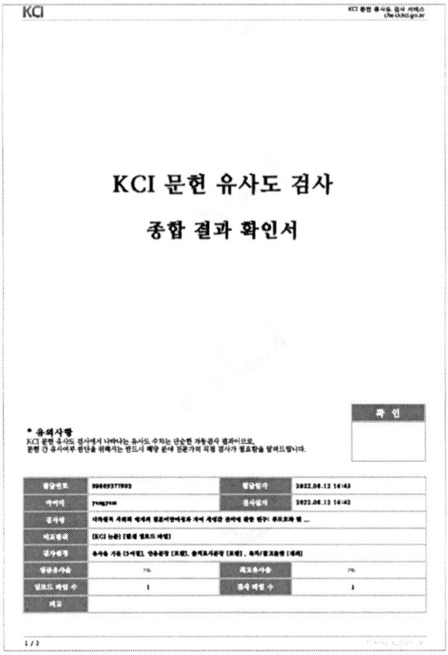
KCI

KCI 문헌 유사도 검사

종합 결과 확인서

확 인

* 유의사항

KCI 문헌 유사도 검사에서 나타나는 유사도 수치는 단순한 자동검사 결과이므로,
문헌 간 유사여부 판단을 위해서는 반드시 해당 분야 전문가의 직접 검사가 필요함을 알려드립니다.

2022.08.12 16:43

2022.08.12 16:42

7%

7%

1

1

1 / 2

☞ 「KCI 문헌유사도 검사 종합결과 확인서(2022. 8. 12일 발급)」에 의하면 본 저서의 내용은 최고유사율과 평균유사율이 모두 7% 수준이었음.

☞ 본 저서의 내용은 「다차원적 사회적 배제의 결혼이민여성과 자녀 세대간 전이에 관한 연구 - 부모 효과 및 조절 변인의 특성을 중심으로」 주제로 2022년 8월 12일 아동복지학회지에 투고했으나 학회 형편상 4개월간 접수 및 심사가 진행되지 않자 투고를 철회하고 심사료 10만원(2022. 8. 12일 학회입금)을 환급(2022. 12. 29일) 받았던 투고 논문의 내용과 일치함. 투고 당시 「KCI 문헌유사도 검사 종합결과 확인서(2022. 8.12일 발급)에 의하면 최고유사율과 평균유사율이 모두 7% 수준이었음.

〈부표 2〉 사회적 배제와 빈곤·박탈의 개념 비교

poverty	deprivation	social exclusion
• one-dimensional	• multi-dimensional	• multi-dimensional
• physical needs	• physical needs • material needs	• physical needs • material needs • societal participation
• distributional	• distributional	• distributional • relational
• static	• static	• dynamic
• Individual • houschold	• Individual • household	• Individual • household • community

☞ 출처 : Barnes(2005-Mathieson et al., 2008에서 인용) ; 양순미(2022a)

〈부표 3〉 사회적 포용(social inclusion)에 내포된 다양한 지표들

☞ 출처 : UNESCO(2015) ; 양순미(2022a)에서 인용

〈부표 4〉 다차원적 사회적 배제 척도 (SES)

items	sub-factor					h^2
	1	2	3	4	5	
I hesitate to participate in village events	0.91	0.15	-0.14	-0.17	-0.00	0.68
I hesitate to participate in my children's school events	0.91	0.02	-0.05	-0.19	0.03	0.65
I hesitate to participate in family or relative events	0.81	0.09	-0.01	-0.12	0.05	0.63
I hesitate to enter cafes or restaurants	0.79	0.03	0.03	0.01	-0.03	0.68
People around me reject me	0.70	-0.07	0.21	0.08	-0.06	0.70
I hesitate to enter public places	0.65	0.04	-0.02	0.12	-0.00	0.56
My family members don't like to keep the spoon and chopsticks I used with theirs	0.62	-0.03	0.12	0.13	-0.02	0.59
People around me don't like it if I join organizations or gatherings	0.55	0.02	-0.04	0.13	0.06	0.43
People around me do not trust me	0.53	-0.04	0.24	0.18	-0.04	0.64
When I participate in organizations or gatherings, I am never given the opportunity to speak my opinion	0.51	-0.10	0.04	0.30	0.08	0.57
People around me do not treat me equally	0.44	-0.04	0.26	0.20	0.07	0.63
I am segregated from the people around me	0.44	-0.11	0.08	0.43	0.01	0.63
People around me discriminate against me	0.43	-0.01	0.31	0.22	0.00	0.67
Our house is too old to live in	0.10	0.77	-0.01	-0.05	0.02	0.63
Our house is always cold in the winter	0.03	0.76	0.057	-0.09	0.03	0.59
Our house is too small and narrow to live in	-0.1	0.67	0.08	0.14	0.09	0.60
Our house does not have a western-style kitchen	0.01	0.63	-0.01	0.11	0.02	0.50
I don't have anyone whom I can rely on when I have a problem	-0.01	0.54	0.11	0.26	-0.04	0.57
Our family have difficulty in buying daily necessities	0.28	0.45	0.09	0.09	-0.10	0.51
My children are ignored at school	-0.10	0.05	1.00	-0.09	-0.04	0.83

My children are discriminated against at school	0.00	0.08	0.97	-0.15	-0.03	0.84
People around me have prejudices about me	0.13	0.01	0.64	0.02	0.09	0.64
When I raise children, I often have arguments with my husband or in-laws about how to discipline them	0.14	0.02	0.45	0.08	0.06	0.42
My husband or in-laws do not want me to acquire Korean nationality	0.18	-0.03	0.43	0.07	0.08	0.40
There is no one around me with whom I can talk about the problems of everyday life	-0.00	0.01	-0.11	0.69	0.03	0.43
I always feel a sense of distance from the people around me	-0.13	0.17	0.04	0.68	0.08	0.59
Nobody truly understands me	0.18	0.25	-0.07	0.58	-0.03	0.68
I am excluded by people around me	0.16	0.20	0.04	0.56	-0.13	0.62
I cannot properly state my opinion on certain issues	0.12	0.33	-0.12	0.45	-0.01	0.51
Korean society is not equal	0.04	0.01	0.05	0.01	0.86	0.84
Korean society is not fair	0.01	0.04	0.00	0.01	0.86	0.80
eigenvalue	13.56	2.03	1.70	1.09	0.82	19.21
proportion	0.71	0.10	0.09	0.06	0.04	-
cumulative pro.	0.71	0.81	0.90	0.96	1.00	-
name of factor	soc. par. & right	material dep.	norma. integ.	social rel.	macro-soc. equity	-
Inter-factor correlation	1.00					
	.44	1.00				
	.55	.39	1.00			
	.62	.52	.54	1.00		
	.36	.31	.42	.35	1.00	

☞ 출처 : 양순미 · 안선희 · 정민자(2021). 결혼이민여성을 위한 사회적 배제 척도(SES) 개발 및 타당도 검증. 한국지역사회생활과학회지. 32(4), 611-628.

〈부표 5〉

〈부표 5-1〉 부모 세대인 결혼이민여성의 다차원적인 사회적 배제와 조절 변인의 상관관계분석

(n=221명)

	사회적 참여와 권리 차원	물질적 박탈 차원	규범적인 통합 차원	사회적 관계 차원	거시사회 공평성 차원	결합적 연계	교류적 연계	1일 스마트폰 활용시간	자기 조절	자아 존중감
사회적 참여와 권리 차원	1.00									
물질적 박탈 차원	.59***	1.00								
규범적인 통합 차원	.66***	.53***	1.00							
사회적 관계 차원	.71***	.66***	.51***	1.00						
거시사회 공평성 차원	.45***	.36***	.51***	.34***	1.00					
결합적 연계	-.03	-.04	-.01	.01	-.06	1.00				
교류적 연계	-.07	.09	-.04	.06	-.07	.62***	1.00			
1일 스마트폰 활용시간	.09	.06	.00	.09	.04	.21**	.27***	1.00		
자기조절	-.18**	-.09	-.08	-.06	-.08	.15*	.02	.05	1.00	
자아존중감	-.31***	-.25***	-.27***	-.21**	-.23***	.22**	.09	.07	.42***	1.00

* $p<0.05$ ** $p<0.01$ *** $p<0.001$

〈부표 5-2〉 부모 세대인 결혼이민여성의 다차원적인 사회적 배제에 작용하는 조절 변인의 효과

(n=221명)

다차원적 사회적 배제/ 조절 변인	사회적 참여와 권리 차원	물질적 박탈 차원	규범적인 통합 차원	사회적 관계 차원	거시사회 공평성 차원
	β	β	β	β	β
결합적 연계	.09	-.10	.07	.20	.12
교류적 연계	-.09	.15	.03	.00	-.11
1일 스마트폰 활용시간	.09	.05	-.01	.00	.06
자기조절	-.12	-.08	-.04	.05	-.04
자아존중감	-.33***	-.24*	-.36***	-.31**	-.21*
intercept	43.93	24.34***	16.95***	7.04***	7.40***
F Value	5.15***	2.69*	4.10**	3.00*	1.80
R-Square	.17	.10	.14	.10	.07
D-W D	1.79	1.88	1.64	1.83	1.89

* p〈0.05 ** p〈0.01 *** p〈0.001

표 및 부표 목차

표 목차

〈표 8〉

부표 목차

색인목록

(ㄱ)

(ㄷ)

(ㅁ)

(ㅂ)

(ㅅ)

(ㅇ)

(ㅈ)

(ㅊ)

(B)

(C)

(D)

(E)

(F)

(G)

(H)

(I)

(L)

(M)

(N)

(O)

(P)

(R)

(S)

(T)

(U)

(W)

Social Exclusion & Intergenerational Transmission

사회적 배제와 세대간 전이

2025년 12월 15일　초판 발행

저자	양순미
발행인	송광헌
책임편집	한승희
디자인	유민경
제작처	광문당
펴낸곳	**복두(더)**

출판등록 | 1993년 11월 22일 제10-902호
주소 | 서울 영등포구 경인로82길 3-4 807호(문래동, 센터플러스)
전화번호 | 02-2164-2580 팩스 | 02-2164-2584
이메일 | info@@bogdoo.co.kr
홈페이지 | www.bogdoo.co.kr

ISBN 979-11-6675-680-1 (93330)

값 12,000원

이 책은 저작권법에 따라 보호를 받는 저작물이므로 무단 전재와 복제를 금합니다.
이 책 내용의 전부 또는 일부를 이용하려면 반드시 지은이와 복두출판사의 동의를 받아야 합니다.